# Suicidio con azúcar

DRA. NANCY APPLETON
G.N. JACOBS

# Suicidio con azúcar

*Un alarmante vistazo a nuestra
primera adicción nacional*

EDICIONES OBELISCO

Si este libro le ha interesado y desea que le mantengamos informado de nuestras publicaciones,
escríbanos indicándonos qué temas son de su interés (Astrología, Autoayuda, Psicología,
Artes Marciales, Naturismo, Espiritualidad, Tradición…) y gustosamente le complaceremos.

Puede consultar nuestro catálogo en www.edicionesobelisco.com

*Los editores no han comprobado la eficacia ni el resultado de las recetas,
productos, fórmulas técnicas, ejercicios o similares contenidos en este libro.
Instan a los lectores a consultar al médico o especialista de la salud ante
cualquier duda que surja. No asumen, por lo tanto, responsabilidad alguna
en cuanto a su utilización ni realizan asesoramiento al respecto.*

**Colección Salud y Vida natural**
Suicidio con azúcar
*Nancy Appleton y G.N. Jacobs*

Título original: *Suicide by Sugar*

1.ª edición: septiembre de 2021

Traducción: *Pilar Guerrero*
Maquetación: *Juan Bejarano*
Corrección: *TsEdi, Teleservicios Editoriales, S. L.*
Diseño de cubierta: *Enrique Iborra*

© 2009, Nancy Appleton y G.N. Jacobs
Publicado por acuerdo con Square One Publishers,
Garden City Park, N.Y., U.S.A.
(Reservados todos los derechos)
© 2021, Ediciones Obelisco, S. L.
(Reservados los derechos para la presente edición)

Edita: Ediciones Obelisco, S. L.
Collita, 23-25. Pol. Ind. Molí de la Bastida
08191 Rubí - Barcelona - España
Tel. 93 309 85 25
E-mail: info@edicionesobelisco.com

ISBN: 978-84-9111-777-3
Depósito Legal: B-13.311-2021

Impreso en los talleres gráficos de Romanyà/Valls S. A.
Verdaguer, 1 - 08786 Capellades - Barcelona

*Printed in Spain*

*Este libro está dedicado a todos aquellos
que no han encontrado respuesta
a sus problemas de salud.*

*Y también a mis hijos Laurie y Greg,
que me quieren, me aceptan, me apoyan
y siguen mis ideas sobre salud.
Son la bendición de mi vida.*

*– N.A. –*

# Introducción

Estás a punto de emprender un viaje sobre el azúcar, sus efectos en el cuerpo y lo que puedes hacer para cambiar de hábitos. Parte de la información que recogerás a lo largo de este viaje te sorprenderá, otra parte te iluminará, pero sobre todo, terminarás el viaje sabiendo exactamente qué puedes hacer para evitar suicidarte con el azúcar.

Antes de comenzar el viaje, debes saber que, en la actualidad, cuando la gente dice «azúcar» o «sacarosa», generalmente se refieren a un edulcorante elaborado con remolacha, caña de azúcar o maíz. Sin embargo, no es eso lo que hacen las industrias de azúcar y edulcorantes de maíz. Para la industria, el «azúcar» proviene de la remolacha o de la caña, nunca del maíz. «Edulcorante» o «edulcorante de maíz» significa, para la industria, que proviene del maíz. En este libro, uso la palabra «azúcar» para referirme a la sustancia que proviene tanto de la remolacha, como de la caña y del maíz, excepto en la sección titulada Ruleta de la fructosa (*véase* página 90), donde hablo específicamente sobre el azúcar (remolacha o caña ) y el edulcorante de maíz.

Tu viaje empieza con mi propia historia. Como adicta al azúcar, estuve a punto de suicidarme con ella. Conseguí dejar de fumar, pero luego me puse con el azúcar, y probablemente tú también lo harás. No te culpes a ti mismo. Piensa: «Mañana será un día mejor», y así será. Mucha gente se identificará con mi historia. A lo largo de los años, he escuchado variaciones de mi propia experiencia en los relatos de los demás.

El núcleo de mi trabajo inicial partió de la base de que la gente que come demasiado azúcar acaba estando enferma, la mayoría de las veces.

9

Ciertamente así es. Tras muchos años abusando con azúcar de mi cuerpo (sin saberlo), llegué a la conclusión de que el azúcar debe hacer bastante daño al sistema inmunológico. Investigué un concepto llamado homeostasis (el equilibrio de todos los sistemas del cuerpo) y... bingo, todas las piezas encajaron. Descubrí que el azúcar altera el delicado equilibrio del organismo. También aprendí lo que el azúcar le hace directamente al sistema inmunológico.

La próxima parada de tu viaje te llevará a un nuevo territorio. Primero, aprenderás todas las formas en que el azúcar daña tu salud. A continuación, te diré exactamente lo que descubrí sobre el efecto del azúcar en la homeostasis y el sistema inmunológico. Luego, conocerás el índice glucémico, la carga glucémica y la importancia de realizar una prueba oral de tolerancia a la glucosa. También aprenderás cosas sobre *Ensure* y *Pediasure*, y encontrarás información sobre los refrescos que quizás preferirías no conocer. Y descubrirás cuánto azúcar natural hay escondido en muchos productos y cuánto se añade. Además se documentan aquí algunos conceptos erróneos sobre el chocolate.

A continuación, explico que el azúcar y sus primos (como la miel, el sirope de arce, el sirope de maíz, la fructosa, la glucosa y otros) pueden provocar una serie de enfermedades. Aprenderás cómo el azúcar alimenta al cáncer, la demencia y la epilepsia, por nombrar algunas dolencias. La hipoglucemia (bajo nivel de azúcar en sangre) se explica en profundidad.

Tras descubrir qué le hace al cuerpo el azúcar, descubrirás cómo eliminarlo y mantenerlo fuera de tu alcance. Hay una sección completa sobre cómo ayudarte a estar y mantenerte sano mediante planes de alimentación, sugerencias de refrigerios y recetas para calmar a los golosos. Y más, mucho más.

La investigación sobre el azúcar se ha disparado en los últimos años, y no son sólo los nutricionistas, dentistas y químicos los que se encargan de ello; algunos médicos también se están poniendo en acción. Esto representa un cambio titánico en la opinión médica, al menos para el médico medio. Aunque la American Medical Association (AMA) no se ha pronunciado directamente contra el azúcar, algunas de las asociaciones para las muchas especialidades contenidas en la AMA han hecho declaraciones sobre el azúcar. Claramente, se trata de esperar a que los dinosaurios mueran.

Así que sigue leyendo, querido lector, para comenzar tu viaje y descubrir una información que desconocías sobre el azúcar. Si al final de este libro no has decidido cambiar tus hábitos con el azúcar, puedes acabar con una enfermedad seria y una muerte lenta y prolongada, todo un *Suicidio con azúcar*.

**1**

# CONFESIONES DE UNA AZUCARCÓLICA

Hola. Me llamo Nancy Appleton y soy una adicta al azúcar en vías de desintoxicación.

Decidí eliminar drásticamente el azúcar de mi dieta para salvar mi vida en la década de 1970, tras sufrir de mala salud y enfermedades frecuentes durante años. Ningún otro remedio funcionaba, y como había escuchado que las personas que consumen demasiado azúcar se enferman en casi todos los casos, parecía lo más lógico. El experimento con mi propia salud empezó porque no mejoraba hasta que metí mano a mi consumo de azúcar. Cuando empecé a sentirme mejor que nunca, me encontré con un muro de ignorancia y ceguera deliberadas que todavía afecta a algunas áreas de la medicina y la nutrición.

La idea de que comer azúcar en grandes cantidades tiene un impacto negativo en la salud no está ampliamente reconocida ni aceptada. Por otra parte, hay muchas cosas de las que la gente no sabe nada. Por ejemplo, fumar sólo ha sido «oficialmente perjudicial» desde la década de 1990. Los cinturones de seguridad de tres puntos para automóviles sólo han formado parte del equipamiento estándar desde aproximadamente la misma época. ¿Y la obligación del casco para bicis y motos? Olvídalo. Espero que en algún momento cercano, el consumo de azúcar en grandes cantidades también se considere una historia antigua.

Esta sección del libro documenta mi viaje por la vida como adicta al azúcar y explica por qué tomé la decisión de eliminarlo de mi dieta.

# Adictos desde temprana edad

Antes de saber por qué estaba enferma, era una simple adicta. Una azucarcólica, por ponerle una etiqueta.

Tengo vívidos recuerdos de la furgoneta de la panadería que sonaba junto a la puerta trasera de la casa de mi infancia. Llevaba donuts, pan de nueces y pasteles de café a mi casa. Yo me llevaba todo el botín y dejaba que mi madre se ocupara de la factura, que nunca se desglosaba con suficiente detalle para que mi madre supiera todo lo que había pillado. ¿Suena esto a comportamiento adictivo? Bueno, llamamos alcoholismo cuando un futuro miembro de Alcohólicos Anónimos esconde la cerveza en los cajones de su casa. En cualquier caso, los productos de bollería se me acababan en dos días y yo esperaba ansiosamente el regreso de la furgoneta de reparto.

Desde esos primeros años, la enfermedad me acechaba. Mantuve ocupados a mis médicos. Sufrí mi primera neumonía a los trece y parecía tener recaídas periódicas, una vez cada pocos años. Tenía forúnculos, úlceras bucales, venas varicosas, dolores de cabeza, infecciones por hongos, fatiga, resfriados, alergias y gripes recurrentes que provocaron seis episodios más de neumonía antes de cumplir los cuarenta.

En mi segundo año de universidad, los médicos me encontraron un tumor de mama compuesto de calcio puro. En ese momento, aún no podía establecer la conexión entre la cantidad de azúcar que consumía y las dolencias que estaban afectando seriamente a mi cuerpo. Estaba confundida: desde la adolescencia jugaba a tenis cuatro horas al día y tenía un aspecto atlético, saludable y estaba delgada. Quemaba los carbohidratos con cada revés fuerte y me veía bien.

Puede que el tenis me haya dado un Campeonato Nacional Juvenil, pero encubrió muchos problemas. Mi primer año de universidad en Ginebra debería haber sido la primera advertencia. Ya no jugaba al tenis y no podía quemar tantas calorías. Los repetidos paseos por las tiendas de chocolate y las chocolatinas gratis en las cajas del supermercado alimentaban a la bestia durante una semana y deberían haber sido otra advertencia. Los treinta kilos de más que tuve que eliminar en mi último año fueron, sin duda, una advertencia para cualquiera que no fuera adicto al azúcar y al chocolate. Los antojos que tuve que soportar fueron aún peores.

He estado tomando antibióticos para cada enfermedad durante toda mi vida. Confiaba en los médicos para que solucionaron mis problemas. Yo me tomaba los antibióticos que me recetaban y los síntomas desaparecían, pero nunca la causa de los mismos. Con cada enfermedad, la recuperación se hacía más larga. Mi sistema inmunológico se iba debilitando. En Estados Unidos a nadie se le ocurría preguntarse si la dieta podría tener algo que ver en mi estado de salud. Ni un solo médico me preguntó jamás: «¿Qué sueles comer?».

Más adelante me casé y tuve dos hijos, y mi adicción al azúcar seguía viento en popa. Los aspectos emocionales de la adicción al azúcar nos afectaban a mi familia y a mí de la misma manera que el alcoholismo afecta a las familias de los alcohólicos. A lo largo de los años, experimenté depresión, mal humor (a menudo enfocado a mis hijos) y síntomas físicos, sin saber qué los estaba causando.

## Momento de cambiar

Todo finalmente cobró sentido en 1973, cuando asistí a una conferencia de salud en la Fundación de Nutrición Price-Pottenger, en San Diego. La conferencia explicó en detalle cómo el azúcar altera la química del cuerpo y deprime el sistema inmunológico. Esa conferencia cambió mi vida y mi salud. También me dio la idea de ampliar mi investigación sobre la relación entre los minerales en el cuerpo y la homeostasis, cuyos resultados se comentarán en capítulos posteriores.

Fue entonces cuando eliminé el azúcar de mi dieta. Por supuesto, empecé admitiendo que tenía una adicción, por lo tanto el camino no fue una línea recta. Mi progreso se detenía en más de una ocasión y me encontré saliéndome del camino más de lo que me hubiera gustado. Experimenté dolores de cabeza y otros síntomas habituales de abstinencia. Tenía que empezar de nuevo después de cada recaída en el azúcar. Pero tan pronto como me puse en marcha con mi nuevo estilo de vida sin azúcar, comencé a ver resultados en tan sólo una semana.

Había recibido suficiente información sobre psicología y análisis a lo largo de los años para saber que si no cambiaba mis hábitos, era muy probable que se los transmitiera a mis hijos. Sabía que mis hijos podrían repetir el mismo ciclo de mala alimentación y mala salud con el que yo había vivido hasta ese momento. Temía que acabaran tomando Ritalin o cualquier otro medicamento por culpa de mi dieta.

Empecé buscando investigaciones relevantes sobre salud y nutrición. Tras realizar mi propia investigación y seguir estudiando la información que había disponible, me saqué un doctorado en nutrición. Quería ser capaz de explicar a mis hijos por qué el azúcar puede ser capaz matar.

Para que mis períodos de abstinencia durasen más, me entregué a mi investigación como forma ingeniosa de sustituir una adicción por otra más positiva. No fue el yoga (poniéndome cabeza abajo para liberar la flema del pecho) lo que me hizo sentirme mejor. Los momentos en que no comía azúcar eran los mejores. En algún momento del camino, la mayoría de mis antojos fueron desapareciendo, aunque seguía comiendo caramelitos de menta sin azúcar para los antojos que quedaban. Actualmente los tomo con poca frecuencia.

## ¿ES SÓLO UN POCO DE DULCE O UNA ADICCIÓN AL AZÚCAR?

¡Galletas! ¡Galletas! La mayoría de nosotros hemos crecido escuchando estas palabras asociadas a un adorable teleñeco azul de Barrio Sésamo, el Monstruo de las Galletas. Personalmente, he esperado muchos años para que el programa de televisión le enseñara al Monstruo de las Galletas mejores consejos nutricionales, como reemplazar esas galletas por zanahorias y comer lentamente en vez de engullirlas. Por el momento, no me han hecho ni caso, pero, bueno, siempre puedo soñar.

El Monstruo de las Galletas es un ejemplo cómico del azúcar como sustancia adictiva. Había llegado a creer que Barrio Sésamo nunca permitiría que el Monstruo de las Galletas llevara una vida sana, porque lo divertido de ese mal ejemplo era demasiado exitoso como para cambiarlo. Imagínate mi sorpresa cuando vi que Barrio Sésamo había cambiado la exclamación del Monstruo, en el año 2005. Ahora come galletas con moderación e incluso aconseja comer zanahorias.

## ¿Qué es la adicción al azúcar?

La idea de que el azúcar es una sustancia adictiva es algo de lo que la gente se ha dado cuenta hace tiempo, aunque la ciencia convencional apenas está empezando a validar esas suposiciones.

La adicción suele incluir tres pasos. Primero, la persona aumentará su ingesta de la sustancia. A continuación, experimentará síntomas de abstinencia cuando se corte el acceso a la misma. Entonces, el adicto se enfrentará a la necesidad de volver a consumir la sustancia.

Otro aspecto del problema de la adicción son los antojos. Esa intensa necesidad de azúcar, drogas o alcohol proviene del propio cuerpo que envía señales contradictorias porque puede ser que tenga realmente poco azúcar en sangre o porque le falte serotonina. (La serotonina se explicará en la siguiente sección). Podría ser fatiga suprarrenal o agotamiento. La falta de sueño también influye.

La respuesta típica es que el organismo envíe una señal de «¡dame azúcar!» que conlleva un deseo de golosinas, o de carbohidratos o incluso de café. La causa fundamental de los antojos de dulces es que el azúcar que se ingirió antes desequilibró la química del organismo. Por lo general, recomiendo seguir el Plan de Alimentación II o el Plan de Alimentación III, según la gravedad de los antojos (*véase* los planes de alimentación en la página 157).

## ¿Qué sucede en el organismo cuando consumimos demasiado azúcar?

Todas las adicciones funcionan prácticamente de la misma manera, sin importar cuál sea la sustancia. Por ejemplo, las drogas, el alcohol y el azúcar crean dependencias en el cerebro; los niveles de serotonina disminuyen cuando falta dicha sustancia. La serotonina es un neurotransmisor, un caballo de batalla, una parte del sistema nervioso que envía impulsos nerviosos a todo el cuerpo. Las sustancias adictivas elevan los niveles de serotonina durante un corto período de tiempo; generalmente, los niveles altos de esta hormona dan lugar a una sensación placentera y positiva. Después, los niveles de serotonina caen en picado, a veces a niveles más bajos que antes de consumir la sustancia, lo que provoca en los adictos una sensación de colapso. La falta de serotonina también deprime a la gente y hace que se sientan muy tristes.

Lo que sucede a continuación es que el cerebro detecta la caída de serotonina y envía una señal de «¡aliméntame!» al sistema nervioso, porque quiere más de lo que antes le dieron (la sustancia adictiva). Entonces el adicto ingiere más sustancia, aunque con cada uso dañe el sistema endocrino, que incluye hormonas y neurotransmisores. Las hormonas afectan a la forma en que funcionan los órganos y tejidos. Se transportan a los órganos y tejidos a través de los fluidos y, cuando las personas abusan de sustancias, algunas hormonas se ralentizan y otras se aceleran. El cuerpo se confunde, eventualmente llega al punto en el que se necesitan más sustancias adictivas para seguir adelante con la vida cotidiana, porque consumir más es el único camino para volver a sentirse bien.

La dopamina, otro neurotransmisor, también juega un papel importante en la adicción al azúcar. Aunque hayas tenido una cena abundante, es posible que te apetezca un trozo de tarta de chocolate. Estás lleno pero parece que te queda espacio para ese trozo de tarta. No necesitas esa ingesta porque no tienes hambre, pero quieres comértelo de todos modos, aunque tengas que hacer un esfuerzo. El sistema de recompensa de la dopamina (que está en el cerebro) se excita cuando una persona piensa en esa deliciosa tarta de chocolate. Si no se la come, el sistema de recompensa entra en acción y la persona se deprime o se desanima. Si la persona se come el pastel, se sentirá feliz y positiva. El deseo de comerse la tarta anula el hecho de que no tienes hambre y te lleva a consumir alimentos tentadores incluso estando totalmente saciado. Por culpa de la dopamina, no siempre tenemos la capacidad para decir que no a ciertos alimentos, particularmente a los dulces.

Ingerir glucosa puede hacer que te sientas bien, pero se pueden desarrollar procesos mentales especialmente diseñados para aprender a vivir sin tanto azúcar. Una vez que un comportamiento se establece, se necesita terapia y apoyo para romper el hábito y luego se requiere de fuerza de voluntad hasta que pasa el tiempo y el cuerpo se olvida de la sustancia adictiva.

## Estadísticas y estudios sobre la adicción al azúcar

Los científicos empezaron a ver el azúcar como una sustancia adictiva en la década de 1980. Para empezar, pensaron que si la gente tiene normalmente glucosa en el organismo, ¿cómo puede volverse adicta a ella? Todos los carbohidratos que comemos se descomponen en azúcares simples. Las proteínas y grasas que consumimos también se descomponen parcialmente en azúcares simples. Por lo tanto, el organismo siempre tiene algo de azúcar dentro y además la necesita. Durante muchos años he pensado diferente al respecto. Nunca he tenido la menor duda de que hay personas adictas al azúcar. Algunos sabían que lo eran y no querían serlo. Mucha gente pedía ayuda con este problema.

Finalmente, alguien financió una investigación como es debido. A principios del siglo XXI, la Dra. Nicole Avena, investigadora de la Universidad de Princeton, y su equipo, comenzaron a estudiar la adicción al azúcar. Uno de sus estudios se llevó a cabo con ratas, que fueron alimentadas con una dieta rica en azúcar. Cuando se les dio a elegir entre azúcar y alimentos sanos, las ratas rechazaban los alimentos saludables porque sólo ansiaban azúcar. Cuando a las ratas se les dio a elegir entre agua del grifo y agua azucarada, escogían el agua azucarada. Cuando se les retiró el agua azucarada, las ratas experimentaban síntomas de abstinencia. Los investigadores descubrieron que las ratas a las que se les retiraba el azúcar de golpe experimentaban temblores y castañeo de dientes, síntomas comunes a los que experimentan los humanos cuando sufren síndrome de abstinencia. Cuando a las ratas se les dio a elegir entre agua normal y agua azucarada, volvían a tirar de la palanca que les suministraba agua con azúcar.

Otro estudio se realizó en la Universidad de Burdeos, en Francia, donde Magalie Lenoir y su equipo compararon la respuesta relativa de la sacarina (un sustituto del azúcar) y la cocaína. La razón por la que eligieron un sustituto del azúcar en lugar del azúcar mismo fue porque no querían que las calorías propias del azúcar fueran parte de la ecuación. Es decir, que una rata podría comer mucho azúcar no con el fin de tomar dulce, sino para sentirse con el estómago lleno gracias a las calorías. A las ratas se les dio la opción de elegir entre cocaína intravenosa y agua endulzada con sacarina. La gran mayoría de las ratas (94%) prefirió la sacarina. Incluso en los casos en que la rata era de entrada adicta a la cocaína, prefería la sacarina. Los investigadores concluyeron que el dulzor propio del azúcar (y sus sustitutos) puede superar las recompensas de la cocaína, incluso en los adictos.

En esencia, estos estudios indican que lo que desencadena la adicción original es el sabor dulce, ya que las drogas y el alcohol usan las mismas neuronas que se relacionan con el consumo de alimentos. En principio, se pensaba que la satisfacción mental derivada de la comida había motivado

19

a los primeros humanos a ingerir más comida de la necesaria para sobrevivir. Naturalmente, los alimentos dulces como la fruta aumentaban la ingesta de calorías de un cazador-recolector para que no muriese en caso de escasez de caza. Sin embargo, ahora vivimos en un mundo donde la comida es abundante y nos hemos alejado mucho de esa dieta original.

Como podemos ver, el azúcar no es una simple adicción. Lo aceptamos fácilmente en nuestras ingestas y en nuestra vida, y la tentación sigue ahí de forma continua. Quizá por eso esta adicción sea tan difícil de romper.

Resulta evidente en los datos oficiales de consumo de azúcar del Gobierno de EE. UU. Éste comenzó a registrar el consumo de azúcar en 1966. Ese año, cada individuo ingería 52 kg de azúcar. El consumo más alto registrado fue en 1999, con 68 kg por persona. Desde entonces, ha bajado hasta alrededor de 64 kg por persona/año, lo que equivale a aproximadamente 24 cucharaditas o ½ taza de azúcar al día.[1] Sin embargo, esta leve caída ni siquiera comienza a revertir los muchos años de dramático aumento.

## Cómo saber si tienes adicción al azúcar

Ahora hablemos de ti. ¿Tienes adicción al azúcar? A lo mejor la tienes y no te has dado cuenta todavía. Piensa en lo que comes a diario. ¿Qué cantidad de lo que consumes contiene azúcar o edulcorantes? ¿Cuánto tiempo puedes pasar sin las principales fuentes de azúcar en tu dieta?

Piénsalo. ¿Bebes uno, dos, tres o cuatro refrescos al día? ¿Con qué edulcorante endulzas tu café matutino? ¿Usas azúcar? ¿Miel? ¿Acompañas el café con tostadas y mermelada o con bollos? Después de cada ingesta ¿necesitas algo dulce? ¿La mayoría de tus tentempiés están cargados de azúcar?

Si consumes azúcar todos los días de más de una de estas fuentes, es muy probable que tengas un problema de adicción. Si ése es el caso, recuerda: no estás solo.

¡Galletaaaas! ¡Galletaaaaas! Puede ser divertido que una marioneta azul anhele dulces así, pero es terrible cuando eso le pasa a un ser humano.

---

1. Avena, N.N. *et al.* «Evidence for addiction, behavioral and neurochemical effects of intermittent, excessive sugar intake». *Neurosci Biobehav Rev.* 2008, 32(1), 20-39.

# El azúcar, con cualquier otro nombre, es igual de problemático

Antes de entrar en detalles sobre mi investigación y los resultados que arrojó, creo que es importante proporcionar una definición básica de qué es exactamente el azúcar. El azúcar es un carbohidrato alimenticio que las papilas gustativas humanas interpretan como dulce. Consulta la siguiente lista para ver los diferentes tipos de azúcares que se analizarán a lo largo del libro.

## El Azúcar en Todas Sus Formas

* Sirope de agave
* Malta de cebada
* Azúcar de remolacha
* Azúcar moreno
* Caña de azúcar
* Sirope de caña
* Azúcar de confitería
* Fructosa cristalina
* Azúcar de dátiles
* Caña de azúcar evaporada
* Fructosa
* Zumo de frutas concentrado
* Galactosa
* Glucosa
* Azúcar granulado

* Sirope de maíz con alta fructuosa
* Miel
* Azúcar invertido
* Lactosa
* Azúcar de caña líquido
* Maltosa
* Sirope de arce
* Melaza
* Azúcar en polvo
* Azúcar integral
* Sirope de arroz
* Sirope de caña de azúcar
* Azúcar blanco
* Azúcar Turbinado
* Azúcar sin refinar

Mi investigación me llevó a descubrir que el azúcar es uno de los muchos factores de estrés que desequilibra la química del cuerpo humano, llamado homeostasis, una palabra de la que oirás más a medida que leas este libro.

Como mencionamos precedentemente, los norteamericanos consumen azúcar y otros edulcorantes similares con un promedio de 48 cucharaditas por persona y día. La siguiente información útil que debes saber es lo bajo que es el umbral del organismo para sintetizar el azúcar añadido. La mayoría de las personas sanas sólo pueden asimilar aproximadamente 2 cucharaditas de azúcar juntas, dos o tres veces al día. ¿Es de extrañar que las estadísticas comúnmente citadas sobre personas con sobrepeso y obesidad digan cosas tan aterradoras como que el 62 % de los adultos tiene sobrepeso (y que la mitad de dichas personas son obesas)?

Durante mi proceso de investigación, empecé a hacer consultas privadas. Casi todos los análisis de sangre que le hacía a cualquier enfermo mostraban desequilibrios minerales diversos. Las historias de los pacientes por lo general revelaban una correlación extremadamente alta entre la dieta, la situación psicológica, el ejercicio e incluso la vida espiritual.

## Conclusión

Todo el que no sea adorador del Dios Azúcar no es capaz de comprender que tomar menos azúcar es bueno y no tomar nada es aún mejor. Es difícil eliminar el azúcar de la dieta, porque está en muchas recetas y se usa como ingrediente económico en muchos alimentos procesados. Por esta razón, he desarrollado tres planes alimenticios para ayudar a reducir la ingesta de azúcar hasta una cantidad razonable y sana. También hay recetas que te ayudarán en el camino hacia una dieta libre de azúcar. Puedes encontrar estos planes y recetas más adelante, en el Capítulo 7 (*véase* página 151).

Me he acostumbrado a poner una pequeña cantidad de sirope de maíz, con alto contenido en fructosa, en la salsa de tomate. Pero no recuerdo la última vez que me comí un helado de chocolate o una galleta Oreo. Superar la adicción es un proceso continuo que hay que superar día a día, mientras disfruto de las diferencias entre estar enferma todo el tiempo, no querer ni mirarme en el espejo, estar cabreada o deprimida, y encontrarme mal con poca frecuencia, sin importarme lo que vea en el espejo, y despertarme y acostarme felizmente.

Eliminar el azúcar de mi dieta me ha cambiado para mejor. La prueba está en mi propia vida. Soy una mujer de setenta años y todavía hago las cosas que me gusta hacer. Soy abuela de dos nietos enérgicos y también juego al tenis, hago senderismo, doy conferencias y viajo a países en desarrollo.

No soy la primera persona en hablar en contra del azúcar, porque no habría averiguado cuál era mi problema sin leer libros y artículos de revistas escritos por médicos anteriores a mí y en los cuales me apoyo. Sin embargo, me enorgullece saber que he estado en ese tren desde el principio, antes de que la mayoría de médicos se subiesen. Escribí este libro para contrastar mi investigación con los datos ya probados y autentificados. Mi opinión a lo largo de los años ha sido inquebrantable, y las investigaciones han llevado a nuevos desarrollos e información que respaldan mis opiniones.

Salud o enfermedad, tú eliges.

Por cierto, vi una superoferta en una publicidad de la farmacia: 2 kg de azúcar granulado C&H por 1,99 $. Eso es alrededor de 50 centavos el medio kilo. Puede que sea la comida más barata que se pueda comprar. La industria azucarera usa grandes métodos de presión, así que, por supuesto, el Gobierno subvenciona el azúcar. ¡Un disparate!. Sin embargo, debo admitir que en los años setenta habría corrido a la tienda a comprar 10 kilos, pero como ahora sé lo que el azúcar le hace a mi cuerpo, huyo de la oferta como del diablo.

# 2

# 140 RAZONES POR LAS QUE EL AZÚCAR DAÑA TU SALUD

Durante unos veinte años, he estado recopilando «Razones por las que el azúcar daña la salud».

Las he encontrado en todas partes, desde la publicación médica de Harvard *Healthbeat* hasta echando un vistazo por Internet. Son difíciles de detectar y muchas veces más difíciles de leer debido a la jerga médica. Creo que el uso prolongado de azúcar añadido puede ser un problema para mucha gente y puede causar muchas enfermedades.

Si no me haces caso hasta dentro de veinte años, tendré muchas más razones.

1. El azúcar puede inhibir el sistema inmunológico.[1]
2. El azúcar altera las relaciones minerales del cuerpo.[2]
3. El azúcar puede causar delincuencia juvenil en los niños.[3]
4. El azúcar ingerido durante el embarazo y la lactancia puede influir en la producción de fuerza muscular en nuestra descendencia, lo cual puede afectar la capacidad de un individuo para hacer ejercicio.[4]

1. Sanchez, A., *et al.* «Role of Sugars in Human Neutrophilic Phagocytosis», *Am J Clin Nutr.* Nov 1973, 261, 1180-1184.
2. Bernstein, J., *et al.* «Depression of Lymphocyte Transformation Following Oral Glucose Ingestion». *Am J Clin Nutr.* 1997, 30, 613.
3. Schauss, A. *Diet, Crime and Delinquency.* Berkley, CA, Parker House, 1981.
4. Bayol, S.A. «Evidence that a Maternal "Junk Food" Diet during Pregnancy and Lactation Can Reduce Muscle Force in Offspring». *Eur J Nutr.* Dic. 19, 2008.

5. Cuando los niños consumen azúcar en refrescos, hace que tomen menos leche.[5]

6. El azúcar puede elevar la respuesta de la glucosa y la insulina, y devolverlas a niveles de ayuno más lentamente en las usuarias de anticonceptivos orales.[6]

7. El azúcar puede aumentar las especies reactivas al oxígeno (ROS), que dañan las células y los tejidos.[7]

8. El azúcar puede causar hiperactividad, ansiedad, incapacidad para concentrarse y mal humor en los niños.[8]

9. El azúcar puede producir un aumento significativo de los triglicéridos.[9]

10. El azúcar reduce la capacidad del cuerpo para defenderse de las infecciones bacterianas.[10]

11. El azúcar provoca una disminución en la elasticidad y función de los tejidos: cuanto más azúcar ingieres, más elasticidad y función pierdes.[11]

5. Rajeshwari, R., *et al.* «Secular Trends in Children's Sweetened-beverage Consumption (1973 to 1994), The Bogalusa Heart Study». *J Am Diet Assoc.* Feb 2005, 105(2), 208-214.

6. Behall, K. «Influence of Estrogen Content of Oral Contraceptives and Consumption of Sucrose on Blood Parameters». *Disease Abstracts International.* 1982, 431-437. POPLINE. Documento número 013114.

7. Mohanty, P., *et al.* «Glucose Challenge Stimulates Reactive Oxygen Species (ROS) Generation by Leucocytes». *J Clin Endocrin Metab.* Aug 2000, 85(8), 2970-2973.
   Couzy, F., *et al.* «Nutritional Implications of the Interaction Minerals». *Progressive Food & Nutrition Science.* 1933, 17, 65-87.

8. Goldman, J., *et al.* «Behavioral Effects of Sucrose on Preschool Children». *J Abnorm Child Psy.* 1986, 14(4), 565-577.

9. Scanto, S. y Yudkin, J. «The Effect of Dietary Sucrose on Blood Lipids, Serum Insulin, Platelet Adhesiveness and Body Weight in Human Volunteers». *Postgrad Med J.* 1969, 45, 602-607.

10. Ringsdorf, W., Cheraskin, E., and Ramsay, R. «Sucrose, Neutrophilic Phagocytosis and Resistance to Disease». *Dental Survey.* 1976, 52(12), 46-48.

11. Cerami, A., *et al.* «Glucose and Aging». *Scientific American.* Mayo 1987, 90.
    Lee, A. T. and Cerami, A. «The Role of Glycation in Aging». *Annals N Y Acad Sci.* 663, 63-67.

12. El azúcar reduce las lipoproteínas de alta densidad (HDL).[12]
13. El azúcar puede provocar deficiencia de cromo.[13]
14. El azúcar puede provocar cáncer de ovarios.[14]
15. El azúcar puede aumentar los niveles de glucosa en ayunas.[15]
16. El azúcar causa deficiencia de cobre.[16]
17. El azúcar interfiere con la absorción de calcio y magnesio.[17]
18. El azúcar puede hacer que los ojos sean más vulnerables a la degeneración macular relacionada con la edad.[18]
19. El azúcar eleva el nivel de neurotransmisores: dopamina, serotonina y norepinefrina.[19]
20. El azúcar puede causar hipoglucemia.[20]
21. El azúcar puede provocar un tracto digestivo ácido.[21]

12. Albrink, M. y Ullrich, I.H. «Interaction of Dietary Sucrose and Fiber on Serum Lipids in Healthy Young Men Fed High Carbohydrate Diets». *Clin Nutr.* 1986, 43, 419-428.
Pamplona, R., *et al.* «Mechanisms of Glycation in Atherogenesis». *Medical Hypotheses.* Marzo 1993, 40(3), 174-81.

13. Kozlovsky, A., *et al.* «Effects of Diets High in Simple Sugars on Urinary Chromium Losses». *Metabolism.* Junio 1986, 35, 515-518.

14. Takahashi, E. Tohoku, University School of Medicine. *Wholistic Health Digest.* Oct 1982, 41.

15. Kelsay, J., *et al.* «Diets High in Glucose or Sucrose and Young Women». *Am J Clin Nutr.* 1974, 27, 926-936.
Thomas, B. J., *et al.* «Relation of Habitual Diet to Fasting Plasma Insulin Concentration and the Insulin Response to Oral Glucose». *Hum Nutr Clin Nutr.* 1983, 36C(1), 49-51.

16. Fields, M., *et al.* «Effect of Copper Deficiency on Metabolism and Mortality in rats Fed Sucrose or Starch Diets». *Am J Clin Nutr.* 1983, 113, 1335-1345

17. Lemann, J. «Evidence that Glucose Ingestion Inhibits Net Renal Tubular Reabsorption of Calcium and Magnesium». *Am J Clin Nutr.* 1976, 70, 236-245.

18. Chiu, C. «Association between Dietary Glycemic Index and Age-related Macular Degeneration in Nondiabetic Participants in the Age-Related Eye Disease Study». *Am J Clin Nutr.* Julio 2007, 86, 180-188

19. «Sugar, White Flour Withdrawal Produces Chemical Response». *The Addiction Letter.* Julio 1992, 4.

20. Dufty, William. *Sugar Blues.* (New York, Warner Books, 1975)

21. Ibíd.

22. El azúcar puede provocar un rápido aumento de los niveles de adrenalina en los niños.[22]

23. El azúcar se absorbe mal en pacientes con enfermedad intestinal funcional.[23]

24. El azúcar puede causar envejecimiento prematuro.[24]

25. El azúcar puede provocar alcoholismo.[25]

26. El azúcar puede causar caries.[26]

27. El azúcar puede provocar obesidad.[27]

28. El azúcar aumenta el riesgo de enfermedad de Crohn y colitis ulcerosa.[28]

29. El azúcar puede causar úlceras gástricas o duodenales.[29]

30. El azúcar puede causar artritis.[30]

31. El azúcar puede causar trastornos del aprendizaje en los escolares.[31]

32. El azúcar ayuda al crecimiento descontrolado de *Cándida albicans* (hongos).[32]

---

22. Jones, T.W., *et al.* «Enhanced Adrenomedullary Response and Increased Susceptibility to Neuroglygopenia, Mechanisms Underlying the Adverse Effect of Sugar Ingestion in Children». *J Ped.* Feb 1995, 126, 171-177.

23. Ibíd.

24. Lee, A. T. y Cerami, A. «The Role of Glycation in Aging». *Annals N Y Acad Sci.* 1992, 663, 63-70.

25. Abrahamson, E. y Peget, A. *Body, Mind and Sugar.* New York, Avon, 1977.

26. Glinsmann, W., *et al.* «Evaluation of Health Aspects of Sugar Contained in Carbohydrate Sweeteners». *F.D.A. Report of Sugars Task Force.* 1986, 39.
Makinen, K.K., *et al.* «A Descriptive Report of the Effects of a 16-month Xylitol Chewing-Gum Programme Subsequent to a 40-Month Sucrose Gum Programme». *Caries Res.* 1998, 32(2), 107-112.
Riva Touger-Decker and Cor van Loveren, «Sugars and Dental Caries». *Am J Clin Nutr.* Oct. 2003, 78, 881-892.

27. Keen, H., *et al.* «Nutrient Intake, Adiposity, and Diabetes». *Brit Med J.* 1989, 1, 655-658.

28. Tragnone, A., *et al.* «Dietary Habits as Risk Factors for Inflammatory Bowel Disease». *Eur J Gastroenterol Hepatol.* Enero 1995, 7(1), 47-51.

29. Yudkin, J. *Sweet and Dangerous.* New York, Bantam Books, 1974, 129.

30. Darlington, L. y Ramsey, *et al.* «Placebo-Controlled, Blind Study of Dietary Manipulation Therapy in Rheumatoid Arthritis». *Lancet.* Feb. 1986, 8475(1), 236-238.

31. Schauss, A. *Diet, Crime and Delinquency.* Berkley, CA, Parker House, 1981.

32. Crook, W. J. *The Yeast Connection.* TN, Professional Books, 1984.

33. El azúcar puede causar cálculos biliares.[33]

34. El azúcar puede causar enfermedades cardíacas.[34]

35. El azúcar puede causar apendicitis.[35]

36. El azúcar puede causar hemorroides.[36]

37. El azúcar puede causar varices.[37]

38. El azúcar puede provocar enfermedad periodontal.[38]

39. El azúcar puede contribuir a la osteoporosis.[39]

40. El azúcar contribuye a la acidez de la saliva.[40]

41. El azúcar puede causar una disminución de la sensibilidad a la insulina.[41]

42. El azúcar puede reducir la cantidad de vitamina E en la sangre.[42]

---

33. Heaton, K. «The Sweet Road to Gallstones». *Brit Med J.* Abril 14, 1984, 288, 1103-1104.
   Misciagna, G., *et al.* «Insulin and Gallstones». *Am J Clin Nutr.* 1999, 69, 120-126.

34. Yudkin, J. «Sugar Consumption and Myocardial Infarction». *Lancet.* Feb. 6, 1, 1(7693), 296-297.
   Chess, D.J., *et al.* «Deleterious Effects of Sugar and Protective Effects of Starch on Cardiac Remodeling, Contractile Dysfunction, and Mortality in Response to Pressure Overload». *Am J Physiol Heart Circ Physiol.* Sep. 2007, 293(3), H1853-H1860.

35. Cleave, T. *The Saccharine Disease.* New Canaan, CT, Keats Publishing, 1974.

36. Ibíd.

37. Cleave, T. y Campbell, G. *Diabetes, Coronary Thrombosis and the Saccharine Disease.* Bristol, Inglaterra, John Wright and Sons, 1960.

38. Glinsmann, W., *et al.* «Evaluation of Health Aspects of Sugar Contained in Carbohydrate Sweeteners». *F.D.A. Report of Sugars Task Force.* 1986, 39, 36-38.

39. Tjäderhane, L. y Larmas, M. «A High Sucrose Diet Decreases the Mechanical Strength of Bones in Growing Rats». *J Nutr.* 1998, 128, 1807-1810.

40. Wilson, R.F. y Ashley, F.P. «The Effects of Experimental Variations in Dietary Sugar Intake and Oral Hygiene on the Biochemical Composition and pH of Free Smooth-surface and Approximal Plaque». *J Dent Res.* Junio 1988, 67(6), 949-953.

41. Beck-Nielsen, H., *et al.* «Effects of Diet on the Cellular Insulin Binding and the Insulin Sensitivity in Young Healthy Subjects». *Diabetes.* 1978, 15, 289-296.

42. Mohanty, P., *et al.* «Glucose Challenge Stimulates Reactive Oxygen Species (ROS) Generation by Leucocytes». *J Clin Endocrin Metab.* Agosto 2000, 85(8), 2970-2973.

43. El azúcar puede disminuir la cantidad de hormonas de crecimiento.[43]

44. El azúcar puede aumentar el colesterol.[44]

45. El azúcar aumenta los productos finales de glicación avanzada (AGE), que aparece cuando el azúcar se une de forma no enzimática a la proteína.[45]

46. El azúcar puede interferir con la absorción de proteínas.[46]

47. El azúcar causa alergias alimentarias.[47]

48. El azúcar puede contribuir a la diabetes.[48]

49. El azúcar puede causar toxemia durante el embarazo.[49]

50. El azúcar puede provocar eczema en los niños.[50]

51. El azúcar puede causar enfermedades cardiovasculares.[51]

52. El azúcar puede dañar la estructura del ADN.[52]

53. El azúcar puede cambiar la estructura de las proteínas.[53]

---

43. Gardner, L. and Reiser, S. «Effects of Dietary Carbohydrate on Fasting Levels of Human Growth Hormone and Cortisol». *Proc Soc Exp Biol Med.* 1982, 169, 36-40.

44. Ma, Y., *et al.* «Association Between Carbohydrate Intake and Serum Lipids». *J Am Coll Nutr.* Abril 2006, 25(2), 155-163.

45. Furth, A. y Harding, J. «Why Sugar Is Bad For You». *New Scientist.* Sep. 23, 1989, 44.

46. Lee, A.T. y Cerami, A. «Role of Glycation in Aging». *Annals N Y Acad Sci.* Nov. 21, 1992, 663, 63-70.

47. Appleton, N. *Lick the Sugar Habit.* Nueva York, Avery Penguin Putnam, 1988.

48. Henriksen, H. B. y Kolset, S.O. *Tidsskr Nor Laegeforen.* Sep. 6, 2007, 127(17), 2259-62.

49. Cleave, T. *The Saccharine Disease.* (New Canaan, CT, Keats Publishing, 1974).

50. Ibíd., 132.

51. Vaccaro, O., *et al.* «Relationship of Postload Plasma Glucose to Mortality with 19 Year Follow-up». *Diabetes Care.* Oct. 15,1992, 10, 328-334.
Tominaga, M., *et al.*, «Impaired Glucose Tolerance Is a Risk Factor for Cardiovascular Disease, but Not Fasting Glucose». *Diabetes Care.* 1999, 2(6), 920-924.

52. Lee, A. T. y Cerami, A. «Modifications of Proteins and Nucleic Acids by Reducing Sugars, Possible Role in Aging». *Handbook of the Biology of Aging.* Nueva York, Academic Press, 1990.

53. Monnier, V. M. «Nonenzymatic Glycosylation, the Maillard Reaction and the Aging Process». *J Ger.* 1990, 45(4), 105-110.

54. El azúcar puede provocar arrugas al cambiar la estructura del colágeno.[54]

55. El azúcar puede causar cataratas.[55]

56. El azúcar puede causar enfisema.[56]

57. El azúcar puede causar aterosclerosis.[57]

58. El azúcar puede causar la elevación de las lipoproteínas de baja densidad (LDL).[58]

59. El azúcar puede afectar la homeostasis fisiológica de muchos sistemas.[59]

60. El azúcar reduce la capacidad de funcionamiento de las enzimas.[60]

61. La ingesta de azúcar está asociada con el desarrollo de la enfermedad de Parkinson.[61]

62. El azúcar puede aumentar el tamaño del hígado al hacer que las células hepáticas se dividan.[62]

---

54. Dyer, D. G., et al. «Accumulation of Maillard Reaction Products in Skin Collagen in Diabetes and Aging». *J Clin Invest*. 1993, 93(6), 421-422.

55. Veromann, S., et al. «Dietary Sugar and Salt Represent Real Risk Factors for Cataract Development». *Ophthalmologica*. Julio-Agosto 2003, 217(4), 302-307.

56. Monnier, V. M. «Nonenzymatic Glycosylation, the Maillard Reaction and the Aging Process». *J Ger*. 1990, 45(4), 105-110.

57. Schmidt, A.M., et al. «Activation of Receptor for Advanced Glycation End Products, a Mechanism for Chronic Vascular Dysfunction in Diabetic Vasculopathy and Atherosclerosis». *Circ Res*. Marzo 1999, 1984(5), 489-497.

58. Lewis, G. F. y Steiner, G. «Acute Effects of Insulin in the Control of VLDL Production in Humans. Implications for The Insulin-resistant State». *Diabetes Care*. Abril 1996, 19(4), 390-393.
R. Pamplona, M.J., et al. «Mechanisms of Glycation in Atherogenesis». *Medical Hypotheses*. 1990, 40, 174-181.

59. Ceriello, A. «Oxidative Stress and Glycemic Regulation». *Metabolism*. Feb. 2000, 49(2 Supl. 1), 27-29.

60. Appleton, Nancy. *Lick the Sugar Habit*. Nueva York, Avery Penguin Putnam, 1988.

61. Hellenbrand, W., et al. «Diet and Parkinson's Disease. A Possible Role for the Past Intake of Specific Nutrients. Results from a Self-administered Food-frequency Questionnaire in a Case-control Study». *Neurology*. Sep. 1996, 47, 644-650.
Cerami, A., et al. «Glucose and Aging». *Sci Am*. Mayo 1987, 90.

62. Goulart, F. S. «Are You Sugar Smart?». *American Fitness*. Marzo-Abril 1991, 34-38.

63. El azúcar puede aumentar la cantidad de grasa hepática.[63]

64. El azúcar puede aumentar el tamaño de los riñones y producir cambios patológicos.[64]

65. El azúcar puede dañar el páncreas.[65]

66. El azúcar puede aumentar la retención de líquidos del cuerpo.[66]

67. El azúcar es el enemigo número uno de las deposiciones.[67]

68. El azúcar puede causar miopía.[68]

69. El azúcar puede comprometer el revestimiento de los capilares.[69]

70. El azúcar puede hacer que los tendones sean más frágiles.[70]

71. El azúcar puede causar dolores de cabeza, incluidas migrañas.[71]

72. El azúcar juega un papel en el cáncer de páncreas, en las mujeres.[72]

73. El azúcar puede afectar negativamente a las calificaciones de los niños.[73]

74. El azúcar puede causar depresión.[74]

75. El azúcar aumenta el riesgo de cáncer de estómago.[75]

---

63. Scribner, K.B., *et al.* «Hepatic Steatosis and Increased Adiposity in Mice Consuming Rapidly vs. Slowly Absorbed Carbohydrate». *Obesity*. 2007, 15, 2190-2199.

64. Yudkin, J., Kang, S., y Bruckdorfer, K. «Effects of High Dietary Sugar». *Brit Med J*. Nov. 22, 1980, 1396.

65. Goulart, F. S. «Are You Sugar Smart?». *American Fitness*. Marzo-Abril 1991, 34-38.

66. Ibíd.

67. Ibíd.

68. Ibíd.

69. Ibíd.

70. Nash, J. «Health Contenders». *Essence*. Enero 1992, 23, 79-81.

71. Grand, E. «Food Allergies and Migraine». *Lancet*. 1979, 1, 955-959.

72. Michaud, D. «Dietary Sugar, Glycemic Load, and Pancreatic Cancer Risk in a Prospective Study». *J Natl Cancer Inst*. Sep. 4, 2002, 94(17), 1293-300.

73. Schauss, A. *Diet, Crime and Delinquency*. Berkley, CA, Parker House, 1981.

74. Peet, M. «International Variations in the Outcome of Schizophrenia and the Prevalence of Depression in Relation to National Dietary Practices, An Ecological Analysis». *Brit J Psy*. 2004, 184, 404-408.

75. Cornee, J., *et al.* «A Case-control Study of Gastric Cancer and Nutritional Factors in Marseille, France». *Eur J Epid*. 1995, 11, 55-65.

76. El azúcar puede causar dispepsia (indigestión).[76]

77. El azúcar puede aumentar el riesgo de desarrollar gota.[77]

78. En una prueba de tolerancia a la glucosa, el azúcar puede aumentar los niveles de glucosa en la sangre mucho más que los carbohidratos complejos.[78]

79. El azúcar reduce la capacidad de aprendizaje.[79]

80. El azúcar puede hacer que dos proteínas sanguíneas, la albúmina y las lipoproteínas, funcionen con menor eficacia, lo cual puede reducir la capacidad del organismo para manejar la grasa y el colesterol.[80]

81. El azúcar puede contribuir a la enfermedad de Alzheimer.[81]

82. El azúcar puede provocar la adherencia de las plaquetas, lo que provoca coágulos de sangre.[82]

83. El azúcar puede causar un desequilibrio hormonal: algunas hormonas se vuelven hipoactivas y otras hiperactivas.[83]

84. El azúcar puede provocar la formación de cálculos renales.[84]

85. El azúcar puede provocar radicales libres y estrés oxidativo.[85]

76. Yudkin, J. *Sweet and Dangerous*. Nueva York, Bantam Books, 1974.

77. Ibíd., 44.

78. Reiser, S., *et al*. «Effects of Sugars on Indices on Glucose Tolerance in Humans». *Am J Clin Nutr*. 1986, 43, 151-159

79. Ibíd.
Molteni, R., *et al*. «A High-fat, Refined Sugar Diet Reduces Hippocampal Brainderived Neurotrophic Factor, Neuronal Plasticity, and Learning». *NeuroScience*. 2002, 112(4), 803-814.

80. Monnier, V., «Nonenzymatic Glycosylation, the Maillard Reaction and the Aging Process». *J Ger*. 1990, 45, 105-111.

81. Frey, J. «Is There Sugar in the Alzheimer's Disease?». *Annales De Biologie Clinique*. 2001, 59(3), 253-257.

82. Yudkin, J. «Metabolic Changes Induced by Sugar in Relation to Coronary Heart Disease and Diabetes». *Nutr Health*. 1987, 5(1-2), 5-8.

83. Ibíd.

84. Blacklock, N.J., «Sucrose and Idiopathic Renal Stone». *Nutr Health*. 1987, 5(1-2), 9-12. Curhan, G., *et al*. «Beverage Use and Risk for Kidney Stones in Women». *Ann Inter Med*. 1998, 28, 534-340.

85. Ceriello, A. «Oxidative Stress and Glycemic Regulation». *Metabolism*. Feb. 2000, 49(2 Supl. 1), 27-29.

86. El azúcar puede provocar cáncer de vías biliares.[86]

87. El azúcar aumenta el riesgo de que las adolescentes embarazadas den a luz a un bebé pequeño para su edad gestacional (PEG).[87]

88. El azúcar puede provocar una disminución sustancial de la duración del embarazo en las adolescentes.[88]

89. El azúcar retrasa el tiempo de viaje de los alimentos a través del tracto gastrointestinal.[89]

90. El azúcar aumenta la concentración de ácidos biliares en las heces y de enzimas bacterianas en el colon, que pueden modificar la bilis para producir compuestos cancerígenos y cáncer de colon.[90]

91. El azúcar aumenta el estradiol (la forma más potente de estrógeno natural) en los hombres.[91]

92. El azúcar se combina y destruye la fosfatasa, una enzima que dificulta la digestión.[92]

93. El azúcar puede ser un factor de riesgo para el cáncer de vesícula biliar.[93]

.

86. Moerman, C. J., et al. «Dietary Sugar Intake in the Etiology of Biliary Tract Cancer». *Inter J Epid.* Apr 1993, 2(2), 207-214.

87. Lenders, C. M. «Gestational Age and Infant Size at Birth Are Associated with Dietary Intake among Pregnant Adolescents». *J Nutr.* Junio 1997, 1113-1117.

88. Ibíd.

89. Yudkin, J. y Eisa, O. «Dietary Sucrose and Oestradiol Concentration in Young Men». *Ann Nutr Metab.* 1988, 32(2), 53-55.

90. Bostick, R.M., et al. «Sugar, Meat, and Fat Intake and Non-dietary Risk Factors for Colon Cancer Incidence in Iowa Women». *Cancer Causes & Control.* 1994, 5, 38-53.
    Kruis, W., et al. «Effects of Diets Low and High in Refined Sugars on Gut Transit, Bile Acid Metabolism and bacterial Fermentation». *Gut.* 1991, 32, 367-370.
    Ludwig, D. S., et al. «High Glycemic Index Foods, Overeating, And Obesity». *Pediatrics.* Marzo 1999, 103(3), 26-32.

91. Yudkin, J. y Eisa, O. «Dietary Sucrose and Oestradiol Concentration in Young Men». *Ann Nutr Metab.* 1988, 32(2), 53-55.

92. Lee, A.T. y Cerami, A. «The Role of Glycation in Aging». *Annals N Y Acad Sci.* 1992, 663, 63-70.

93. Moerman, C., et al. «Dietary Sugar Intake in the Etiology of Gallbladder Tract Cancer». *Inter J Epid.* Abril 1993, 22(2), 207-214.

94. El azúcar es una sustancia adictiva.[94]
95. El azúcar puede ser intoxicante, similar al alcohol.[95]
96. El azúcar puede agravar el síndrome premenstrual (SPM).[96]
97. El azúcar puede disminuir la estabilidad emocional.[97]
98. El azúcar promueve la ingesta excesiva de alimentos en personas obesas.[98]
99. El azúcar puede empeorar los síntomas de los niños con trastorno por déficit de atención (TDA).[99]
100. El azúcar puede ralentizar la capacidad de funcionamiento de las glándulas suprarrenales.[100]
101. El azúcar puede cortar el oxígeno al cerebro cuando se administra a las personas por vía intravenosa.[101]
102. El azúcar es un factor de riesgo de cáncer de pulmón.[102]
103. El azúcar aumenta el riesgo de polio.[103]

94. Avena, N.M. «Evidence for Sugar Addiction, Behavioral and Nuerochemical Effects of Intermittent, Excessive Sugar Intake». *Neurosci Biobehav Rev.* 2008, 32(1), 20-39.
Colantuoni, C., *et al.* «Evidence That Intermittent, Excessive Sugar Intake Cause Endogenous Opioid Dependence». *Obesity.* Junio 2002, 10(6), 478-488.

95. Ibíd.

96. *The Edell Health Letter.* Sep. 1991, 7, 1.

97. Christensen, L., *et al.* «Impact of A Dietary Change on Emotional Distress». *J Abnorm Psy.* 1985, 94(4), 565-579.

98. Ludwig, D.S., *et al.* «High Glycemic Index Foods, Overeating and Obesity». *Pediatrics.* Marzo 1999, 103(3), 26-32.

99. Girardi, N.L. «Blunted Catecholamine Responses after Glucose Ingestion in Children with Attention Deficit Disorder». *Pediatr Res.* 1995, 38, 539-542.
Berdonces, J.L. «Attention Deficit and Infantile Hyperactivity». *Rev Enferm.* Enero 2001, 4(1), 11-14.

100. Lechin, F., *et al.* «Effects of an Oral Glucose Load on Plasma Neurotransmitters in Humans». *Neuropsychobiology.* 1992, 26(1-2), 4-11.

101. Arieff, A.I. «IVs of Sugar Water Can Cut Off Oxygen to the Brain». Veterans Administration Medical Center in San Francisco. *San Jose Mercury.* Junio 12/86.

102. De Stefani, E. «Dietary Sugar and Lung Cancer, a Case Control Study in Uruguay». *Nutr Cancer.* 1998, 31(2), 132-137.

103. Sandler, B.P. *Diet Prevents Polio.* Milwakuee, WI, The Lee Foundation for Nutr Research, 1951.

104. El azúcar puede provocar ataques epilépticos.[104]

105. El azúcar puede aumentar la presión arterial sistólica (presión cuando el corazón se contrae).[105]

106. El azúcar puede inducir la muerte celular.[106]

107. El azúcar puede aumentar la cantidad de alimentos consumidos.[107]

108. El azúcar puede provocar un comportamiento antisocial en los delincuentes juveniles.[108]

109. El azúcar puede provocar cáncer de próstata.[109]

110. El azúcar deshidrata a los recién nacidos.[110]

111. El azúcar puede hacer que las mujeres den a luz bebés con bajo peso al nacer.[111]

112. El azúcar se asocia con un peor resultado de la esquizofrenia.[112]

---

104. Murphy, P. «The Role of Sugar in Epileptic Seizures». *Townsend Letter for Doctors and Patients*. Mayo 2001.

105. Stern, N. y Tuck, M. «Pathogenesis of Hypertension in Diabetes Mellitus». *Diabetes Mellitus, a Fundamental and Clinical Test*. 2.ª ed. (Philadelphia, PA, Lippincott Williams & Wilkins, 2000) 943-957.
Citation Preuss, H.G., *et al.* «Sugar-Induced Blood Pressure Elevations Over the Lifespan of Three Substrains of Wistar Rats». *J Am Coll Nutr.* 1998, 17(1), 36-37.

106. Christansen, D. «Critical Care, Sugar Limit Saves Lives». *Science News*. Junio 30, 2001, 159, 404.
Donnini, D., *et al.* «Glucose May Induce Cell Death through a Free Radical-mediated Mechanism». *Biochem Biophys Res Commun.* Feb. 15, 1996, 219(2), 412-417.

107. Levine, A.S., *et al.* «Sugars and Fats, The Neurobiology of Preference». *J Nutr.* 2003, 133, 831S-834S.

108. Schoenthaler, S. «The Los Angeles Probation Department Diet-Behavior Program, Am Empirical Analysis of Six Institutional Settings». *Int J Biosocial Res.* 5(2), 88-89.

109. Deneo-Pellegrini H., *et al.* «Foods, Nutrients and Prostate Cancer, a Case-control Study in Uruguay». *Br J Cancer.* Mayo 1999, 80(3-4), 591-597.

110. «Gluconeogenesis in Very Low Birth Weight Infants Receiving Total Parenteral Nutrition». *Diabetes*. Abril 1999, 48(4), 791-800.

111. Lenders, C. M. «Gestational Age and Infant Size at Birth Are Associated with Dietary Intake Among Pregnant Adolescents». *J Nutr.* 1998, 128, 807-1810.

112. Peet, M. «International Variations in the Outcome of Schizophrenia and the Prevalence of Depression in Relation to National Dietary Practices, An Ecological Analysis». *Brit J Psy.* 2004, 184, 404-408.

113. El azúcar puede elevar los niveles de homocisteína en el torrente sanguíneo.[113]

114. El azúcar aumenta el riesgo de cáncer de mama.[114]

115. El azúcar es un factor de riesgo en el cáncer de intestino delgado.[115]

116. El azúcar puede causar cáncer de laringe.[116]

117. El azúcar induce la retención de sal y agua.[117]

118. El azúcar puede contribuir a una leve pérdida de memoria.[118]

119. El agua azucarada, cuando se les da a los niños poco después del nacimiento, hace que esos niños prefieran el agua azucarada al agua normal durante la niñez.[119]

120. El azúcar causa estreñimiento.[120]

121. El azúcar puede causar deterioro cerebral en mujeres prediabéticas y diabéticas.[121]

122. El azúcar puede aumentar el riesgo de cáncer de estómago.[122]

113. Fonseca, V., *et al.* «Effects of a High-fat-sucrose Diet on Enzymes in Homosysteine Metabolism in the Rat». *Metabolism.* 2000, 49, 736-741.

114. Potischman, N., *et al.* «Increased Risk of Early-stage Breast Cancer Related to Consumption of Sweet Foods Among Women Less than Age 45 in the United States». *Cancer Causes & Control.* Dic. 2002, 13(10), 937-946.

115. Negri, E., *et al.* «Risk Factors for Adenocarcinoma of the Small Intestine». *Int J Cancer.* Julio 1999, 2(2), 171-174.

116. Bosetti, C., *et al.* «Food Groups and Laryngeal Cancer Risk, A Case-control Study from Italy and Switzerland». *Int J Cancer.* 2002, 100(3), 355-358.

117. Shannon, M. «An Empathetic Look at Overweight». *CCL Family Found.* Nov.-Dic. 1993, 20(3), 3-5. POPLINE Documento número 091975.

118. Harry, G. y Preuss, MD, Georgetown University Medical School. www.usa.weekend.com/food/carper_archive/961201carper_eatsmart.html

119. Beauchamp, G.K., y Moran, M. «Acceptance of Sweet and Salty Tastes in 2-year-old Children». *Appetite.* Dic. 1984, 5(4), 291-305.

120. Cleve, T.L. *On the Causation of Varicose Veins.* Bristol, Inglaterra, John Wright, 1960.

121. Ket, Yaffe, *et al.* «Diabetes, Impaired Fasting Glucose and Development of Cognitive Impairment in Older Women». *Neurology.* 2004, 63, 658-663.

122. Chatenoud, Liliane, *et al.* «Refined-cereal Intake and Risk of Selected Cancers in Italy». *Am J Clin Nutr.* Dec 1999, 70, 1107-1110.

123. El azúcar puede causar síndrome metabólico.[123]

124. El azúcar aumenta los defectos del tubo neural en los embriones cuando es consumido por mujeres embarazadas.[124]

125. El azúcar puede causar asma.[125]

126. El azúcar aumenta las posibilidades de desarrollar el síndrome del intestino irritable.[126]

127. El azúcar puede afectar a los sistemas centrales de recompensa.[127]

128. El azúcar puede causar cáncer de recto.[128]

129. El azúcar puede causar cáncer de endometrio.[129]

130. El azúcar puede causar cáncer de células renales (cáncer de riñón).[130]

131. El azúcar puede causar tumores hepáticos.[131]

123. Yoo, Sunmi, *et al.* «Comparison of Dietary Intakes Associated with Metabolic Syndrome Risk Factors in Young Adults, the Bogalusa Heart Study». *Am J Clin Nutr.* Oct. 2004, 80(4), 841-848.

124. Shaw, Gary M., *et al.* «Neural Tube Defects Associated with Maternal Periconceptional Dietary Intake of Simple Sugars and Glycemic Index». *Am J Clin Nutr.* Nov. 2003, 78, 972-997.

125. Powers, L. «Sensitivity, You React to What You Eat». *Los Angeles Times.* Feb. 12, 1985.
Cheng, J., *et al.* «Preliminary Clinical Study on the Correlation Between Allergic Rhinitis and Food Factors». *Lin Chuang Er Bi Yan Hou Ke Za Zhi.* Agosto 2002, 16(8), 393-396.

126. Jarnerot, G. «Consumption of Refined Sugar by Patients with Crohn's Disease, Ulcerative colitis, or Irritable Bowel Syndrome». *Scand J Gastroenterol.* Nov. 1983, 18(8), 999-1002.

127. Allen, S. «Sugars and Fats, The Neurobiology of Preference». *J Nutr.* 2003, 133, 831S-834S.

128. De Stefani, E., *et al.* «Sucrose as a Risk Factor for Cancer of the Colon and Rectum, a Case-control Study in Uruguay». *Int J Cancer.* Junio 5, 1998, 75(1), 40-44.

129. Levi, F., *et al.* «Dietary Factors and the Risk of Endometrial Cancer». *Cancer.* Junio 1, 1993, 71(11), 3575-3581.

130. Mellemgaard, A., *et al.* «Dietary Risk Factors for Renal Cell Carcinoma in Denmark». *Eur J Cancer.* Abril 1996, 32A(4), 673-682.

131. Rogers, A.E., *et al.* «Nutritional and Dietary Influences on Liver Tumorigenesis in Mice and Rats». *Arch Toxicol Suppl.* 1987, 10, 231-243. Revista.

132. El azúcar puede aumentar los marcadores inflamatorios en el torrente sanguíneo de las personas con sobrepeso.[132]

133. El azúcar juega un papel en la causa y la continuación del acné.[133]

134. El azúcar puede perjudicar la vida sexual de hombres y mujeres al apagar el gen que controla las hormonas sexuales.[134]

135. El azúcar puede causar fatiga, mal humor, nerviosismo y depresión.[135]

136. El azúcar puede hacer que muchos nutrientes esenciales estén menos disponibles para las células.[136]

137. El azúcar puede aumentar el ácido úrico en sangre.[137]

138. El azúcar puede conducir a concentraciones elevadas de péptido C.[138]

139. El azúcar causa inflamación.[139]

140. El azúcar puede causar diverticulitis, un pequeño saco abultado que empuja hacia fuera de la pared del colon que está inflamado.*

**\* Para la cita de cada motivo, consulta las notas a pie de página.**

132. Sørensen, L.B., *et al.* «Effect of Sucrose on Inflammatory Markers in Overweight Humans». *Am J Clin Nutr.* Agosto 2005, 82(2).

133. Smith, R.N., *et al.* «The Effect of a High-protein, Low Glycemic-load Diet Versus a Conventional, High Glycemic-load Diet on Biochemical Parameters Associated with Acne Vulgaris, A Randomized, Investigator-masked, Controlled Trial». *J Am Acad Dermatol.* 2007, 57, 247-256.

134. Selva, D.M., *et al.* «Monosaccharide-induced Lipogenesis Regulates the Human Hepatic Sex Hormone-binding Globulin Gene». *J Clin Invest.* 2007. doi,10.1172/JCI32249.

135. Krietsch, K., *et al.* «Prevalence, Presenting Symptoms, and Psychological Characteristics of Individuals Experiencing a Diet-related Mood-disturbance». *Behavior Therapy.* 1988, 19(4), 593-604.

136. Berglund, M., *et al.* «Comparison of Monounsaturated Fat with Carbohydrates as a Replacement for Saturated Fat in Subjects with a High Metabolic Risk Profile, Studies in the Fasting and Postprandial States». *Am J Clin Nutr.* Dic. 1, 2007, 86(6), 1611-1620.

137. Gao, X., *et al.* «Intake of Added Sugar and Sugar-Sweetened Drink and Serum Uric Acid Concentration in US Men and Women». *Hypertension.* Agosto 1, 2007, 50(2), 306-312.

138. Wu, T., *et al.* Fructose, Glycemic Load, and Quantity and Quality of Carbohydrate in Relation to Plasma C-peptide Concentrations in US Women». *Am J Clin Nutr.* Oct. 2004, (4),1043-1049.

139. Matthias, B. y Schulze, M.B. «Dietary Pattern, Inflammation, and Incidence of Type 2 Diabetes in Women». *Am J Clin Nutr.* Sep. 2005, 82, 675-684.

Ahora que sabes lo que el azúcar le está haciendo a tu cuerpo, es hora de explorar con más detalle cómo y por qué te está matando lentamente.

A ver, otra visita para las caries de Timmy.
Toma un caramelito, guapo... ¡Coge la caja entera, hombre!

# 3

# HOMEOSTASIS: EL EQUILIBRIO DEL ORGANISMO

L a razón por la que estoy escribiendo sobre la homeostasis en *Suicidio con azúcar* es porque en gran medida la homeostasis se relaciona con el azúcar. Resulta evidente a medida que se desarrolla la historia de la homeostasis.

El Dr. Walter B. Cannon (1871-1945), profesor de Harvard, acuñó la palabra «homeostasis» en su brillante libro de 1932, *The wisdom of the Body*. Cannon se licenció con honores de Harvard y allí fue jefe del departamento de fisiología durante muchos años. Además, fue el primero en comprender que los carbohidratos pasan más rápido por el tracto digestivo, que la proteína es la siguiente y que la grasa tarda más en pasar por el mismo. Por su comprensión del organismo y de dónde vienen las enfermedades, es mi héroe. (Para saber dónde puedes conseguir el libro de Cannon, consulta la sección Lecturas recomendadas, página 199).

Vale la pena señalar que este hombre brillante también descubrió la respuesta de «ataque o huida».

## Equilibrio no significa una barrita energética en cada mano

La homeostasis comúnmente se refiere al equilibrio interno de los sistemas químico y electromagnético del organismo. Este equilibrio permite y fomenta el desempeño adecuado de las funciones internas necesarias para el crecimiento, la curación y la vida misma. Nuestros cuerpos se curan cuando estamos en homeostasis.

La diferencia entre una persona enferma y una persona sana es la capacidad de la segunda para lograr y mantener la homeostasis. Las personas enfermas tienen dificultades para ello. Cuando nuestros cuerpos no pueden mantener la homeostasis durante un período de tiempo, nos enfermamos. Cada persona es diferente, por lo que la cantidad de enfermedades que tendrá una persona, la duración de las mismas y su gravedad, variará de forma individual. Algunos de los elementos que determinan el estado de salud son la genética, la cantidad de azúcar y otros alimentos abusivos que se ingieran, qué papel juega el estrés en la vida, la exposición a sustancias químicas y otros factores diversos. Hay muchas cosas que alteran la química corporal y nos sacan de la homeostasis diariamente, siendo el azúcar una de las principales. Esta afirmación se aplica tanto a las enfermedades degenerativas como a las infecciosas.

## El azúcar puede eliminar la homeostasis

Hay muchos sistemas dentro del cuerpo humano que ayudan a regular la homeostasis. El sistema endocrino, que libera hormonas al torrente sanguíneo, es el regulador básico. Las principales glándulas endocrinas son el páncreas, las glándulas suprarrenales, las glándulas masculinas y femeninas, el hipotálamo, la glándula pituitarias y la glándula tiroides. Cada una de estas glándulas secreta hormonas al torrente sanguíneo para ayudar a regular la homeostasis.

Cuando se ingiere azúcar, la primera glándula que siente su impacto es el páncreas. Tras la ingesta de azúcar, la glucosa aumenta en sangre y el páncreas secreta insulina. La principal razón por la que se secreta la insulina es para reducir el nivel de glucosa en sangre y recuperar la homeostasis. Cuando ingerimos más azúcar de la que nuestro páncreas puede soportar, éste se agota y, a su vez, puede secretar demasiada o insuficiente insulina. Si el páncreas secreta demasiada insulina, la sangre no consigue un nivel suficiente de glucosa. Esto puede provocar hipoglucemia (bajo nivel de glucosa en sangre). En consecuencia, si el páncreas no secreta suficiente insulina, la sangre absorberá demasiada glucosa, lo que puede provocar hiperglucemia (niveles altos de glucosa en sangre) o diabetes.

Todas las glándulas trabajan juntas. Cuando el páncreas está luchando, otras glándulas acuden en su ayuda y empiezan a secretar demasiadas hormonas, o muy pocas, al torrente sanguíneo, en un intento por recuperar y mantener la homeostasis. Así se puede provocar un desorden en todo el sistema endocrino y hacer que algunas glándulas se agoten. Ésta es la razón por la que muchos de nosotros tenemos hipoglucemia, diabetes, problemas de tiroides o agotamiento suprarrenal. También es la razón por la que las mujeres tienen problemas menopáusicos. Sí, el exceso de azúcar puede hacer todo eso.

## MINERALES: SÍ, SON IMPORTANTES

Ningún mineral es una isla. Los minerales sólo pueden funcionar en relación con los demás. (*Véase* la figura de la página 45). Si un mineral escasea en el torrente sanguíneo, los otros minerales no funcionarán tan bien. Cuando consumimos demasiado azúcar, el cuerpo se ve obligado a reajustar su composición para compensar las cantidades excesivas de glucosa y fructosa. Para ello, los minerales se extraen del torrente sanguíneo. Los minerales que quedan no funcionan como deberían en ausencia de los que fueron extraídos. No hace falta decir que, en este tipo de situación, la química del cuerpo se ha modificado, los minerales son necesarios para muchos de los sistemas del organismo. El sistema endocrino, el sistema inmunológico y el sistema digestivo necesitan minerales para funcionar correctamente. Las enzimas, que nos ayudan a digerir los alimentos, necesitan minerales particulares para funcionar de manera óptima: cuando no hay suficientes minerales funcionales en el torrente sanguíneo, los fagocitos del sistema inmunológico se agotan.

Cualquier sustancia en el cuerpo que no se pueda usar es automáticamente tratada como toxina. Esto incluye minerales no usados.[1,2] El calcio tóxico, por ejemplo, puede causar placa dental, cálculos renales, artritis, cataratas, espolones, endurecimiento de las arterias y muchas otras enfermedades.

El calcio y el fósforo dan estructura a nuestro cuerpo a través de la formación de huesos y dientes. Otros minerales provocan reacciones en los sistemas enzimáticos, las células y los fluidos corporales. Esto ayuda al organismo a crecer, a mantenerse y regularse a sí mismo. También nos proporciona energía. Un ligero cambio de la composición mineral normal de las células puede tener efectos extremos en el organismo, incluso si la composición mineral real del organismo en su conjunto no ha cambiado drásticamente.[3]

Uno de los efectos que puede sufrir el cuerpo es que las enzimas no funcionen tan bien como deberían. Anteriormente has visto que las enzimas prestan atención a los minerales para funcionar de manera óptima. Las enzimas son proteínas creadas por el cuerpo, que aceleran los procesos fisiológicos. Por ejemplo, las enzimas juegan un papel muy importante en el proceso digestivo. Las enzimas digestivas descomponen los alimentos en azúcares simples, la grasa en ácidos grasos y las proteínas en aminoácidos. Cuando las enzimas no pueden funcionar por una deficiencia de minerales, no todos los alimentos se digieren correctamente. Las proteínas no digeridas, por ejemplo, pueden ingresar al torrente sanguíneo en forma de polipéptidos que son moléculas de proteínas muy pequeñas que contienen aminoácidos.[4,5]

1. Eck, P. Analytical Research Labs, Inc., 2338.
2. Albrecht, W. «The Albrecht Papers». www.earthmentor.comprinciples_of_balance/doctor_albrecht_papers/
3. Ashmead, D. *Chelated Mineral Nutrition.* International Institute of Natural Health Sciences, Inc. 1979.
4. Paganelli, R., *et al.* «Detection of Specific Antigen Within Circulating Immune Complexes, Validation of the Assay and its Application to Food Antigen-Antibody Complexes Formed in Healthy and Food-Allergic Subjects». *Clin Exp Immunol.* Oct. 1981, 46(1), 44-53.
5. Warshaw, A.L., *et al.* «Protein Uptake by the Intestine, Evidence for Absorption of Intact Macromolecules». *Gastroenter.* 1974, 66, 987.

En su libro *Brain Allergies*, el Dr. William Philpott escribe: «Una de las funciones sistémicas más importantes del páncreas es suministrar enzimas proteolíticas, que actúan como mecanismo regulador sobre las reacciones inflamatorias en el organismo».[6] Las enzimas proteolíticas provienen del páncreas y ayudan en la conversión de proteínas en aminoácidos. La digestión inadecuada de proteínas puede ser causada por enzimas proteolíticas pancreáticas insuficientes. Como resultado, las moléculas de proteínas inutilizables se absorben en la sangre y llegan a los tejidos en sus formas parcialmente digeridas. Esto se llama síndrome del intestino permeable o permeabilidad intestinal. Dado que sólo se digieren parcialmente, el organismo los trata como invasores, lo cual puede causar toxicidad e inflamación en diferentes órganos o tejidos.

**RUEDA MINERAL**

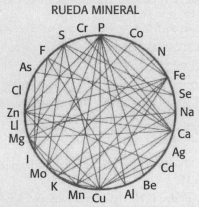

Los minerales sólo pueden trabajar unos en relación con otros.

**Figura 3.1. La Rueda Mineral**

La proteína parcialmente digerida y otros alimentos no digeridos generalmente se encuentran en partículas demasiado grandes para ser utilizadas por las células. Por lo tanto, pueden ingresar al torrente sanguíneo[7] y causar una alergia alimentaria, que eventualmente provoca estragos en la sangre. Cuando digo alergia a los alimentos, me refiero a los síntomas de

6. Philpott, W. *Brain Allergies.* New Canaan, CT, Keats Publishing, Inc. 1980.
7. Paganelli, R., *et al.* «The Role of Antigenic Absorption and Circulating Immune Complexes in Food Allergy». *Ann Allergy.* 1986, 57, 330-336.

una alergia: ojos llorosos, sinusitis, estornudos y picazón en la garganta.[8, 9] Alternativamente, estas partículas pueden ir a las articulaciones, tejidos o huesos y causar artritis.[10, 11] También pueden afectar al sistema nervioso y provocar esclerosis múltiple (EM), una enfermedad que varía en severidad.[12] Algunas personas que padecen EM experimentan síntomas leves, como entumecimiento en las extremidades, mientras que otras pueden experimentar problemas más graves como parálisis o ceguera.

La investigación médica también muestra que esta materia extraña puede penetrar en la piel y causar urticaria, eccema y psoriasis (una afección cutánea que consiste en parches escamosos grises o plateados en la piel, que se tornan enrojecidos e inflamados).[13, 14, 15] La colitis ulcerosa (una enfermedad que conlleva la inflamación del revestimiento interno del colon y el recto) y la enfermedad de Crohn (una enfermedad que provoca inflamación en cualquier parte del tracto digestivo desde la boca hasta el recto) también pueden ser causadas por proteínas parcialmente digeridas.[16] Esencialmente, esta proteína inutilizable puede ir a cualquier parte de la sangre y causar problemas.

Desafortunadamente, no son sólo las partículas de alimentos parcialmente digeridos las que pueden ingresar al torrente sanguíneo. A veces,

8. Taylor, B., *et al.* «Transient IgA Deficiency and Pathogenesis of Infantile Atopy». *Lancet.* 1973, 2, 11.

9. Stevens, W.J., y Bridts, C.H. «IgG-containing and IgE-containing Circulating Immune Complexes in Patients with Asthma and Rhinitis». *J All Clin Immun.* 1979, 63, 297.

10. Hyatum, M., *et al.* «The Gut-Joint Axis, Cross Reactive Food Antibodies in Rheumatoid Arthritis». *Gut.* Sep. 2006, 55(9), 1240-1247.

11. Catteral, W.E., *et al.* «Placebo-Controlled, Blind Study of Dietary Manipulation Therapy in Rheumatoid Arthritis». *Lancet.* Feb. 6, 1986, 236-238.

12. Jones, H.D. «Management of Multiple Sclerosis». *Postgrad Med J.* Mayo 1952, 2, 415-422.

13. Douglas, J.M. «Psoriasis and Diet». *West J Med.* Nov. 1980, 133, 450.

14. Brostoff, J., *et al.* «Production of IgE Complexes by Allergen Challenge in Atopic Patients and the Effect of Sodium Cromoglycate». *Lancet.* 1979, 1, 1267.

15. Jackson, P.G., *et al.* «Intestinal Permeability in Patients with Eczema and Food Allergy». *Lancet.* 1981, 1, 1285.

16. Wright, R. y Truelove, S.C. «Circulating Antibodies to Dietary Proteins in Ulcerative Colitis». *Brit Med J.* 1965, 2, 142.

las enzimas que no funcionan correctamente también se introducen en el mismo, lo que hace que las células se vuelvan tóxicas.[17] Ni los alimentos parcialmente digeridos ni las enzimas digestivas pertenecen al torrente sanguíneo. Sólo pertenecen al tracto digestivo. Cuando esto sucede, nuestro sistema inmunológico considera los alimentos y las enzimas no digeridos o parcialmente digeridos como invasores extraños y sale a la defensa.[18, 19] Recuerda que este alimento parcialmente digerido y no digerido está presente en el cuerpo como resultado del consumo excesivo de azúcar.

Para defenderse, los glóbulos blancos (el elemento principal del sistema inmunológico) necesitan un suministro normal de proteínas digeridas adecuadamente. La tensión en las enzimas causada por el exceso de azúcar (entre otros factores) desemboca en un sistema inmunológico menos funcional, menos capaz de defenderse de las enfermedades que flotan alrededor, en el medioambiente. Existe una interacción compleja entre lo que comemos, el estrés en nuestra vida, los factores ambientales y nuestro propio modelo genético. Cada uno de estos criterios ayuda a determinar la capacidad del organismo para recuperar y mantener la homeostasis.

El azúcar inhibe el sistema inmunológico. Agota los niveles de fagocitos (los glóbulos blancos necesarios para una función inmune fuerte y que comen bacterias dañinas) y esto reduce la capacidad del cuerpo para combatir infecciones y enfermedades.

La composición de nuestra sangre debe mantenerse equilibrada para que podamos permanecer en homeostasis. Para que esto suceda, los elementos en nuestra sangre se reajustan constantemente dentro de un rango

17. Penn, A.H., *et al.* «Pancreatic Enzymes Generate Cytotoxic Mediators in the Intestine». *Shock.* Marzo 2007, 27(3), 296-304.

18. Kijak, E., *et al.* «Relationship of Blood Sugar Level and Leukocytic Phagocytosis». *J South California Dental Assoc.* Sep. 1964, 32, 9.

19. Sanchez, A., *et al.* «Role of Sugars in Human Neutrophilic Phagocytosis». *Amer J Epidemiol.* 1992, 135(8), 895-903.

muy estrecho. Uno de los elementos de la sangre que hace precisamente esto es la glucosa. Por lo tanto, consumir demasiado azúcar es una de las principales formas de alterar la química del organismo, sacándolo de la homeostasis.

El azúcar es un alimento acidificante; por lo tanto, el organismo puede volverse más ácido cuando lo ingerimos. Pero al cuerpo no le gusta este estado ácido, así que extrae minerales (como calcio, magnesio y fósforo) del torrente sanguíneo, tratando de volverse alcalino nuevamente para recuperar y mantener la homeostasis.

Los médicos no suelen analizar la química sanguínea completa de una persona antes y después de ingerir glucosa. Si lo hicieran, descubrirían que los minerales pueden aumentar, disminuir y, en general, cambiar su relación de trabajo. Según mi propia investigación, esto puede suceder cuando una persona consume tan sólo dos cucharaditas de azúcar de golpe.

## El resultado desestabilizador del azúcar

Me he centrado la mayor parte de este capítulo en el azúcar, pero hay otros factores de higiene de vida que pueden hacer que el organismo pierda la homeostasis. Uno de ellos es el estado emocional. Por lo tanto, estar triste, enfadado o ansioso puede afectar la química corporal equilibrada y, en última instancia, tener el mismo efecto que tendría el consumo de azúcar.[20, 21]

Sin embargo, el principal culpable es el azúcar, por la sencilla razón de que consumimos demasiado, mucho más de lo que nuestro organismo puede asimilar. Evolucionamos desde el hombre primitivo, cuya dieta era carne cruda o asada, grasa, vegetales recolectados, semillas y agua pura. Nuestros cuerpos han evolucionado con esta dieta baja en azúcar, como lo indica mi investigación. Dos cucharaditas de azúcar (en cualquiera de sus formas) a la vez parece ser el límite de lo que la mayoría de las personas sanas pueden asimilar. En cuanto a las personas enfermas, no creo que sus cuerpos puedan soportar el azúcar en absoluto.

20. Selye, H. *The Stress of Life*. San Francisco, McGraw-Hill, 1978.
21. Editorial. «Depression, Stress and Immunity». *Lancet*. 1987, 1, 1467-1468.

Cuando comemos dulces, nuestros cuerpos sólo pueden responder de una manera. Deben adaptarse y tratar de reequilibrarse tras cada ingesta azucarada. Este acto de reequilibrado extrae minerales para usarlos donde se necesitan y daña la química corporal, lo que eventualmente nos puede enfermar. Teniendo en cuenta la cantidad de azúcar que ingerimos, el organismo no tiene los mecanismos digestivos adecuados para manejar el exceso de azúcar que consumimos a diario.

Creamos nuestras propias enfermedades con cada dulce que consumimos y con cada pensamiento negativo que experimentamos. La mayoría de la gente no sabe lo que le está haciendo a su cuerpo, porque la homeostasis es difícil de demostrar. Pero esto tiene que cambiar. Ahora tienes más información y vas a ver un kit diseñado para evaluar la homeostasis, el equilibrio ácido/alcalino y el exceso de calcio en la orina. Mantén tu cuerpo en homeostasis y estarás sano.

## Conclusión

Como puedes ver, el cuerpo es como una orquesta. Todos los instrumentos deben tocar en armonía, así como todas las partes de un organismo deben funcionar en armonía para que el conjunto funcione de manera óptima. Y el director de orquesta de tu organismo eres tú mismo. Tú decides lo que comes, piensas, dices, sientes y haces, y todas estas acciones pueden afectar a la química del cuerpo. En una orquesta, si un violín está desafinado, se nota y aparecen los problemas. En el organismo, si un mineral está desequilibrado, afecta a todo el resto. Por lo tanto, puedes dirigir tu cuerpo con afinación o desafinado, igual que un director de orquesta. Te sugiero que mantengas la armonía en tu organismo tomando las decisiones correctas.

# 4

......................................

# LO QUE EL AZÚCAR PUEDE HACER CON LA GLUCOSA EN SANGRE NO ES ALGO PRECISAMENTE DULCE

Este capítulo te informará sobre lo que le sucede a la glucosa en sangre (azúcar) cuando ingieres carbohidratos, con énfasis en el azúcar. Espero que lo leas con atención, ya que aquí hay información que generalmente no se menciona cuando una persona lee sobre glucosa en sangre.

Primero aprenderás qué son el índice glucémico (IG) y la carga glucémica (CG). Luego, descubrirás que al elegir qué tipo de carbohidratos comer, debes basar tu decisión en mucho más que el IG y la CG. Creo que estas medidas se han utilizado incorrectamente y espero que te hagas una mejor idea de cómo elegir carbohidratos sanos además de usar el IG y la CG.

La última parte del capítulo se refiere a la prueba de tolerancia a la glucosa oral (OGTT). Espero demostrar que existen alternativas a esta prueba invasiva que pueden dar resultados similares.

## Índice glucémico y carga glucémica

Al considerar los niveles de glucosa en sangre, determinar lo alto que es el nivel de glucosa en sangre de una persona cuando ingiere un carbohidrato es sólo uno de los dos factores que deben tenerse en cuenta. El otro es la cantidad de carbohidratos que se consumen. Por eso, a los científicos se les ocurrió lo del índice glucémico y la carga glucémica.

## El índice glucémico

El IG es un sistema numérico que mide la rapidez con la que un alimento provoca el aumento de la glucosa en sangre. El IG clasifica los alimentos según su efecto en los niveles de glucosa en sangre. Este índice, al que se le asigna un número, generalmente se basa en una cantidad de alimento que contiene 50 gramos de carbohidratos. Cuanto mayor sea el número, más rápida será la respuesta de la glucosa. Los alimentos con un IG bajo se descomponen lentamente, por lo que la glucosa se libera gradualmente. Esto provocará un pequeño pero continuado aumento de la glucosa en sangre. Los alimentos con un IG alto se descomponen más rápido, por lo que la glucosa se libera casi de golpe y desencadena un dramático aumento del azúcar en sangre.

El IG se calcula suministrando alimentos específicos a los individuos y rastreando la respuesta de sus organismos. Como hemos mencionado precedentemente, el IG se basa en 50 gramos de carbohidratos. Es importante comprender que para obtener 50 gramos de carbohidratos, se deben consumir mayores cantidades de cualquier alimento que los contenga. Los alimentos bajos en carbohidratos deberán consumirse en mayores cantidades para obtener los 50 gramos necesarios para realizar la prueba de IG.

Para calcular el IG, se administra una cantidad de alimento que contenga 50 gramos de carbohidratos a entre ocho y diez individuos. Durante las siguientes dos horas, los niveles de glucosa en sangre de los sujetos de prueba se controlan cada quince o treinta minutos. Este proceso se repite dos o tres veces. Los niveles de azúcar en sangre de los sujetos de prueba se promedian y se comparan con un alimento estándar, generalmente glucosa pura (que tiene un IG arbitrario de 100).

Algunos alimentos no se someten a pruebas de IG porque se tendría que ingerir una cantidad enorme para obtener los 50 gramos de carbohidratos necesarios. Es posible que estos alimentos, cuando se consumen solos, no provoquen un aumento significativo de la glucosa en sangre, pero eso no significa que sean saludables. Pueden contener grandes cantidades de grasas u otro tipo de calorías, ninguna de las cuales es buena.

Comer grandes cantidades de un alimento no hará que tu IG suba, porque el IG indica solamente la clasificación de dicho alimento en comparación con otros alimentos que contienen la misma cantidad de carbohidratos. El IG mide la rapidez con que los carbohidratos provocan un aumento de la glucosa en sangre. No mide el nivel de glucosa en sangre. Por ejemplo, si un alimento tiene un IG de 25, sin importar la cantidad de ese alimento que ingieras, el IG seguirá siendo de 25. Todo esto significa que, independientemente de la cantidad que ingieras, la velocidad a la que se activa el aumento de la glucosa en sangre sigue siendo la misma. Por supuesto, cuanto más se ingiera, más alta será la glucosa resultante en sangre, pero la velocidad a la que aumenta ésta seguirá siendo la misma. Si lo que queremos valorar es el tamaño de la ración, ahí es donde entra en juego la CG.

## La carga glucémica

La CG es un método para evaluar el impacto del consumo de carbohidratos. Tiene en cuenta el IG, pero ofrece una imagen más completa que éste solo. La CG es más valiosa: da un número basado en la cantidad de carbohidratos por ración, en lugar de la cantidad de comida que se necesita para obtener 50 gramos de carbohidratos. Esto es positivo porque muchas veces un individuo no ingiere 50 gramos de carbohidratos de golpe. Sería difícil ingerir 50 gramos de carbohidratos a base de sandía o de zanahorias, aunque ambos tienen un IG alto.

La CG se calcula multiplicando el IG de un alimento por la cantidad de carbohidratos (en gramos) en una la ración. Luego, dicho número se divide por 100 para obtener la CG. Por ejemplo, una tajada de sandía con un IG de 72 y un contenido de carbohidratos de 5 gramos tendría una CG de 3,6 (IG [72] x contenido de carbohidratos [5] = 360 ÷ 100 = 3.6). Una CG de 3,6 es muy baja.

La utilidad de la CG se basa en la idea de que consumir un alimento con un IG alto en pequeñas cantidades (lo que da como resultado menos gramos de carbohidratos) tendría el mismo efecto sobre el azúcar en sangre que consumir un alimento con un IG bajo en grandes cantidades.

Por ejemplo, un alimento con un IG de 100 y un contenido de carbohidratos de 10 gramos tiene un CG de 10 (IG [100] x contenido de carbohidratos [10] = 1000 ÷ 100 = 10). Un alimento con un IG de 10 y 100 gramos de carbohidratos también tiene un CG de 10 (IG [10] x contenido de carbohidratos [100] = 1000 ÷ 100 = 10).

## Ejemplo de GI y CG en zanahorias

Una buena razón para tener en cuenta la CG de un alimento es el ejemplo de las zanahorias. Las zanahorias tienen un IG alto basado en los 50 gramos de carbohidratos necesarios para realizar una prueba de IG. Sin embargo, sólo hay tres o cuatro gramos de carbohidratos en una zanahoria sola. Para conseguir los 50 gramos necesarios para producir un IG alto, necesitaríamos comer casi 15 zanahorias enteras. Una persona normal no come tantas zanahorias de una sentada, por lo que la cantidad de carbohidratos en las zanahorias es muy baja.

Al considerar tanto el IG como el tamaño de la ración, la CG ofrece una descripción más realista de cómo los alimentos que ingieres a afectarán tus niveles de glucosa en sangre.

## Qué deberemos considerar al elegir un carbohidrato para comer

Si bien el IG y la CG son herramientas útiles para determinar cómo un alimento afectará al nivel de azúcar en la sangre, ambos no tienen en cuenta muchos elementos que son importantes cuando ingerimos un alimento. Es necesario conocer tanto el IG como la CG para comprender el efecto de un alimento sobre el azúcar en sangre, pero aun así, existen fallos en el panorama general. Al elegir un alimento, es mucho más importante pensar en los siguientes aspectos en lugar de preocuparnos por el IG y la CG. Ni uno ni otro tienen en cuenta lo siguiente:

- Valor nutritivo, como las vitaminas y minerales contenidos en alimentos específicos.
- Cómo ese alimento afecta el sistema inmunológico, el sistema endocrino, el sistema digestivo, el hígado y los minerales.

- El hecho de que la mayoría de los azúcares, frutas y verduras se componen de glucosa y fructosa. La fructosa en un producto no aumenta la glucosa en sangre, pero sí aumenta la glucosa en general. Por ejemplo, el azúcar blanco, el sirope de arce, la miel, las frutas y verduras tienen aproximadamente un 50 % de glucosa y un 50 % de fructosa. Los productos elaborados con maíz pueden variar en cuanto a la cantidad de glucosa y fructosa que contienen (suele ser 55 % de glucosa y 45 % de fructosa, pero la cantidad de fructosa puede aumentar). Dado que la fructosa no aumenta la glucosa en sangre, los alimentos que contienen fructosa pueden tener IG y CG bajos, pero no son necesariamente saludables.

- El hecho de que cuando un alimento con IG alto se ingiere con grasas o proteínas, el nivel de glucosa en sangre se mantiene en un rango normal. Por ejemplo, cuando se come una patata asada y algo de proteína (como carne o pescado), la glucosa en sangre se eleva normalmente, mientras que la grasa y la proteína estabilizan el almidón de la patata, porque la grasa y la proteína viajan más lentamente por el cuerpo. Establecimos anteriormente que los carbohidratos pasan por el sistema más rápido, después las proteínas y finalmente las grasas.

- La cantidad total de azúcar en un producto. El IG y la CG sólo consideran la cantidad de carbohidratos. El azúcar total es importante, ya que todas las formas de azúcar pueden alterar la química del organismo, agotar los minerales y suprimir el sistema inmunológico.

- Si un alimento es integral o procesado. La cuestión es que los alimentos integrales normalmente tienen valores nutricionales más altos que los alimentos procesados. Por ejemplo, cuando necesitas una fuente rápida de energía, elegir el alimento integral apropiado puede proporcionar un nivel más alto de IG y CG, pero sin los problemas inherentes a los alimentos procesados.

- Factor de saciedad. ¿Te sientes lleno después de comer? Muchas veces, un alimento alto en IG contiene azúcar. El azúcar es adictivo y te hace querer más, porque no te sientes lleno después de comerlo. Una patata con un IG alto te llena y te hace sentir satisfecho. ¿No es mejor sentirse satisfecho que querer más?

• El recuento de calorías. Muchas veces un alimento es bajo en IG y CG pero tiene un alto recuento de calorías. Las manzanas tienen un IG de 38 (como se muestra en la Tabla 4.2 en la página siguiente), y una manzana de tamaño mediano, que pesa 138 gramos, proporciona una CG de 6. Ésta es una CG baja, y la mayoría consideraría que la manzana es un tentempié muy apropiado. Pero ahora mira los cacahuetes. Una ración de 28 gramos de cacahuetes no sólo pesa menos que la manzana, sino que tiene un IG mucho más bajo (14) y proporciona un CG aún más bajo (1). Basándonos sólo en la CG, tendría que creer que una ración de 28 gramos de cacahuetes será mejor opción dietética que una manzana. Pero si echas un vistazo a las calorías que contienen estos dos alimentos, verás que la manzana contiene aproximadamente 65 calorías, mientras que 28 gramos de cacahuetes contienen aproximadamente 164 calorías.

Si esto te parece confuso, tranquilo, porque realmente lo es, incluso para mí. A veces, una imagen vale más que mil palabras. La Tabla 4.1 y la Tabla 4.2 te darán más información y espero que aclare algunos puntos.

### TABLA 4.1
### VALORES NUTRICIONALES DE ALGUNAS BEBIDAS

| Bebida | Ración (gramos) | Calorías IG* | CG+ | Carbohidratos (gramos) | Azúcares (gramos) | Azúcar (cucharadas) |
|---|---|---|---|---|---|---|
| Zumo de manzana sin edulcorar | 250 g | 117/40 | 12 | 29 g | 28 g | 7 cucharadas |
| Coca-Cola | 250 g | 120/63 | 16 | 26 g | 26 g | 6,5 cucharadas |
| Ensure-Plus | 252 g | 350/44 | 22 | 50 g | 50 g | 12,5 cucharadas |
| Zumo de naranja | 250 g | 112/50 | 13 | 26 g | 26 g | 6,5 cucharadas |

* Los valores de IG se pueden clasificar en tres niveles: bajo (que va de 1 a 55), medio (que va de 56 a 69) y alto (que va de 70 a 100).

+ Los valores de GL se pueden clasificar en tres niveles: bajo (que va de 1 a 10), medio (que va de 11 a 19) y alto (20 y más).

## TABLA 4.2
## VALORES NUTRICIONALES DE ALGUNOS ALIMENTOS

| Alimento | Ración (gramos) | Calorías IG* | CG⁺ | Carbohidratos (gramos) | Azúcares (gramos) | Azúcar (cucharadas) |
|---|---|---|---|---|---|---|
| Sirope de arce | 12 g | 40/27 | 3 | 12 g | 12 g | 3 |
| Manzana con piel | 120 g | 65/38 | 6 | 16 g | 12 g | 3 |
| Zanahorias | 72 g | 30/47 | 3 | 7 g | 3 g | ¾ |
| Anacardos | 28 g | 160/25 | 3 | 13 g | 2 g | ½ |
| Maíz en grano | 150 g | 134/60 | 20 | 33 g | 4 g | 1 |
| Uvas | 120 g | 35/42 | 7 | 18 g | 17 g | 4½ |
| Helado de vainilla | 72 g | 145/62 | 8 | 17 g | 15 g | 3¾ |
| M&Ms | 56 g | 295/68 | 29 | 43 g | 38 g | 9½ |
| Cacahuetes | 28 g | 164/14 | 1 | 6 g | 4 g | 1 |
| Judías cocidas | 150 g | 230/39 | 1 | 3 g | 0 g | 0 |
| Palomitas | 20 g | 110/89 | 12 | 13 g | 0 g | 0 |
| Patata asada con piel | 150 g | 115/85 | 23 | 27 g | 4 g | 1 |
| Arroz blanco hervido | 150 g | 205/64 | 23 | 36 g | 0 g | 0 |
| Azúcar blanco | 10 g | 38/68 | 7 | 10 g | 8 g | 2 |
| Boniato | 10 g | 135/48 | 17 | 36 g | 15 g | 3¾ |
| Rodaja de sandía | 240 g | 52/72 | 4 | 5 g | 4 g | 1 |

\* Los valores de IG se pueden clasificar en tres niveles: bajo (que va de 1 a 55), medio (que va de 56 a 69) y alto (que va de 70 a 100).

+ Los valores de GL se pueden clasificar en tres niveles: bajo (que va de 1 a 10), medio (que va de 11 a 19) y alto (20 y más).

Si no estabas confundido antes, estas tablas pueden enviarte rápidamente al siguiente capítulo. A mí me resultó difícil comprender esta información. Puedes ver las notas a pie de página. Tuve que saltar de una a otra para conseguir esta información.

Aquí hay puntos importantes sobre la Tabla 4.1 y la Tabla 4.2:

- Todos los valores de las tablas son aproximados.

- La diferencia entre una manzana y un zumo de manzana: El IG es básicamente el mismo para ambos, pero la CG para una manzana entera es aproximadamente la mitad de la CG de una ración de 225 ml de zumo de manzana. Básicamente, lo que esto significa es que tanto la manzana como el zumo de manzana elevarán la glucosa en sangre al mismo ritmo, pero la CG del zumo de manzana muestra que el zumo es mucho peor que la manzana. El contenido de azúcar del zumo de manzana es casi el doble que el de una manzana entera. Lo mismo pasa con las uvas y las naranjas en comparación con el zumo de uva y el zumo de naranja. Así que mejor te comes la fruta entera.

- Un boniato tiene 36 gramos de carbohidratos, pero solamente 15 gramos (3 ¾ cucharaditas) de azúcar. Si comes este alimento asado y con una proteína, no habrá picos de glucosa.

- Ensure Plus tiene una CG alta, de 22 a 50 gramos de carbohidratos. Todos esos carbohidratos están en forma de azúcares. La etiqueta de información nutricional de Ensure Plus dice que sólo contiene 22 gramos (5 ½ cucharaditas) de azúcar, porque no es necesario incluir la maltodextrina en la etiqueta de información nutricional. Ensure Plus, por lo tanto, no contiene mucho azúcar pero tiene una CG alta. La maltodextrina tiene un IG de 107 que es muy alto, mucho más que el azúcar. (*Véase* página 73 para más información sobre Ensure Plus).

- El sirope de agave es un edulcorante que se promociona como alimento saludable. También se le llama la planta del siglo y crece en el suroeste de los Estados Unidos. No lo considero un alimento saludable. La razón por la que el IG y la CG son bajos es porque el sirope de agave tiene un 90 % de fructosa y sólo un 10 % de glucosa. Una vez más, el IG y la CG se basan únicamente en la glucosa de un

58

producto. Mira la página 90 y descubre que la molécula de fructosa en el azúcar es un problema mayor que la molécula de glucosa en sí misma. Mucho más grande. Además, el sirope de agave tiene azúcares más concentrados que el azúcar en sí. ¡No te lleves eso a la boca ni en sueños!

* Tener un IG bajo no necesariamente hace que un alimento sea saludable. El helado, por ejemplo, cae en el rango medio para IG y en el rango bajo para CG. La razón es que el helado tiene grasas y proteínas (que tienen IG y CG bajos y estabilizan el azúcar), pero el helado puede inhibir el sistema inmunológico.

Creo que el factor más importante que se debe tener en cuenta cuando se ingiere un carbohidrato es su contenido en azúcares. Si tu comida tiene una etiqueta de información nutricional, puedes encontrarla fácilmente. Si no es así, existen otras formas de encontrar esta información. Consulta la sección Fuentes en la página 191 para más información. Si encuentras que hay más de 8 gramos (2 cucharaditas) de azúcar en un alimento, toma en una comida sólo la mitad del tamaño de una ración. También puedes elegir otro alimento, tal vez uno que no necesite etiqueta, como un alimento entero.

Si quieres saber más sobre IG y CG, consulta la sección de Fuentes en la página 191. Algunos de los sitios web enumerados allí son para más información sobre este capítulo.

## Test oral de tolerancia a la glucosa y alternativas

En este momento, estoy segura de que te habrás dado cuenta de mi aborrecimiento absoluto por el azúcar añadido. Pero ahora podemos plantearnos una cuestión: pequeñas dosis de azúcar con fines de diagnóstico son perfectamente correctas si eso significa que tu médico podrá decirte si tienes diabetes, hiperglucemia o hipoglucemia ¿verdad? La respuesta es directamente ¡no!

La prueba de tolerancia a la glucosa oral (OGTT) no debe administrarse a menos que ninguna otra prueba aclare la situación. Éste es el protocolo de la prueba: se ayuna durante doce horas y luego se toman 75 gramos (aproximadamente 19 cucharaditas) de glucosa en agua. Luego, durante un período de cuatro a seis horas, el médico analizará la sangre cada media hora. El médico también debe preguntar cómo se encuentra el paciente.

El objetivo de la prueba es medir cómo el azúcar afecta al organismo a lo largo del tiempo. Si los niveles de glucosa en sangre aumentan o permanecen elevados durante el período de prueba, entonces el diagnóstico sería diabetes o hiperglucemia, dependiendo de la gravedad de los niveles elevados. Si la glucosa en sangre cae por debajo de lo normal, entonces el diagnóstico sería hipoglucemia.

Que yo sepa, ningún investigador ha analizado los recuentos de minerales, colesterol, triglicéridos o glóbulos blancos mientras realizaba la OGTT. Dado que mi posición es que estos factores ayudan a determinar la salud o la enfermedad, me pregunto si los investigadores se sorprenderían desagradablemente en el caso de que investigaran estos factores y los encontrasen fuera del rango normal. Entonces habrían tenido que lidiar con más problemas que la OGTT. Dado que el cuerpo trabaja en armonía, estoy segura de que hay más de un factor fuera del rango normal cuando la OGTT no está en el rango normal, pero es sorprendente cómo el cuerpo volverá a la homeostasis cuando se acabe el azúcar.

Aparte de esto, el test OGTT tiene muchos otros problemas asociados.

## Problemas con la prueba

Los médicos generalmente administran una OGTT cuando un paciente no se siente bien e informa de síntomas similares a los que experimentaría un diabético o prediabético. Por lo tanto, es seguro que el paciente se sentirá aún peor durante la prueba. La gente que ya se encuentra mal, se sentirá peor si hay algún tipo de ataque de azúcar en su organismo.

La investigación ha relacionado la isquemia miocárdica, un trastorno cardíaco causado por un flujo sanguíneo insuficiente a los músculos cardíacos, con la OGTT. Un estudio utilizó como sujetos a mujeres mayores sanas, que no tenían hipertensión arterial ni enfermedades cardíacas. Los sujetos no obtuvieron durante la OGTT suficiente oxígeno en sangre para

mantener un flujo sanguíneo adecuado al corazón, pero creo que se obten-
drían resultados similares al estudiar cualquier grupo de personas.[1]

Otro problema con la OGTT es que la prueba no siempre proporciona resultados reproducibles. Un estudio en 212 hombres y mujeres chinos
demostró que los médicos que administraban la OGTT al mismo paciente, dos veces en una semana, sólo podían reproducir sus resultados el
65,5 % de las veces.[2]

Además, la prueba no tiene en cuenta las reacciones alérgicas a los diversos tipos de azúcar que contribuyen al nivel de glucosa en sangre. Algunos pueden ser más sensibles al maíz, a la caña de azúcar o a la remolacha.
Si el azúcar utilizado para la prueba se deriva de una sola fuente, puede
sesgar los resultados en caso del que el paciente sea alérgico. La glucosa a
base de maíz aumentará la prueba si el paciente es alérgico al maíz, pero al
mismo tiempo la prueba mostrará poca reacción de las otras fuentes de
glucosa.[3]

Muchos pacientes sufren algunos efectos secundarios interesantes durante y después de la OGTT. Éstos pueden incluir mareos, vómitos, dolores de estómago, aturdimiento o dolores de cabeza intensos. Algunos pacientes con los que hablo dicen que nunca volvieron a tener esos horribles
síntomas provocados por una OGTT.[4]

## Hay otras opciones

Existen varias pruebas no invasivas para la diabetes, el síndrome metabólico y otras dolencias relacionadas con el azúcar que deben emplearse antes
de meterse en una OGTT. Primero, está la prueba de glucosa plasmática

1. Madden, K.M., *et al.* «The Oral Glucose Tolerance Test Induces Mycardial Ische-
mia in Healthy Older Adults». *Clin Invest Med.* 2007, 30(3), E118-E126.
2. Ko, G.T., *et al.* «The Reproducibility and Usefulness of the Oral Glucose Tolerance Test in Screening for Diabetes and Other Cardiovascular Risk Factors». *Ann
Clin Biochem.* Enero 1998, 35(Pt 1), 62-67.
3. Philpott, W.H. and Kalita, D.K. *Victory Over Diabetes.* Nueva York, McGraw-
Hill, 1991.
4. Fan, L.F. «Study of Causes of Untoward Reactions of the Glucose Tolerance Test».
*Zhonghua Hu Li Za Zhi.* Julio 5, 1994, 29(7), 387-390.

en ayunas. Para esta prueba, el paciente debe ayunar durante doce horas y luego extraerse sangre. Si el nivel de glucosa en sangre es 99 mg/dl (miligramos de azúcar por decilitro de sangre) o menos, el paciente se diagnostica como normal. (Un decilitro es igual a la décima parte de un litro). Un prediabético tendría un rango de 100 a 125 mg/dl y un diabético aumentaría a 126 mg/dl o más. Esta prueba no siempre es precisa, ya que algunas personas con un nivel de glucosa en sangre en ayunas normal fallan.[5] Los pacientes pueden tener un nivel normal en ayunas, pero podría aumentar más tarde y no ser reconocido por la prueba en ayunas. Si esta prueba se usa con otras, es un indicador más claro.

Los médicos también pueden solicitar una prueba de hemoglobina glucosilada, también conocida como prueba A1C. Esta prueba rastrea el promedio de glucosa en sangre durante dos o tres meses antes de la prueba. La prueba en sí muestra lo que sucede en el cuerpo durante un período de tres meses. En personas sanas, aproximadamente el 5 % de la hemoglobina está glucosilada. La hemoglobina glucosilada en sangre, si une el azúcar con las proteínas de manera anormal, causa problemas. Los diabéticos tienen mayores cantidades de hemoglobina glucosilada. Los médicos empezaron a usar esta prueba como una herramienta habitual para diabéticos, pero ahora algunos reconocen el valor de esta prueba como herramienta de diagnóstico.[6]

Otros médicos pueden sugerir un análisis de sangre con insulina. La insulina regula la absorción de azúcar en varias células, incluidas las células grasas. Los niveles altos de glucosa en sangre (como los que se encuentran después de comer) estimulan la liberación de insulina. La glucemia baja inhibe los niveles de insulina. Esta prueba, cuando se realiza después del desayuno, puede diagnosticar diabetes porque los niveles altos de insulina durante la digestión del desayuno pueden significar que el páncreas está trabajando demasiado, ya que libera insulina cuando el cuerpo no la nece-

5. Geberhiwot, T., *et al.* «HbA1c Predicts the Likelihood of Having Impaired Glucose Tolerance in High-risk Patients with Normal Fasting Plasma Glucose». *Ann Clin Biochem.* Mayo 2005, 42(Pt 3), 193-195.

6. Peters, H.L., *et al.* «To Determine Whether a Glycosylated Hemoglobin Level Can Be Used in Place of an Oral Glucose Tolerance Test (OGTT) to Diagnose Dia- betes». *JAMA.* Oct. 16, 1999, 276(15), 1246-1252.

sita. Un médico le dirá al paciente si debe ayunar o no antes de realizar esta prueba.

También existen pruebas de glucosa en orina. Una tira reactiva de papel se satura con sustancias químicas sensibles a la glucosa y se sumerge en la orina.

Normalmente, el organismo no excreta glucosa en la orina a menos que los niveles de glucosa en la sangre sean muy altos. Por lo tanto, si la orina de una persona tiene trazas de glucosa, es probable que tenga un nivel muy alto de glucosa en sangre, lo cual indica diabetes. Los científicos también están investigando si ciertos gases exhalados son marcadores de diabetes, lo que permitiría el empleo eventual de una prueba de tipo alcoholímetro en la que los pacientes puedan soplar. También están estudiando los nitratos de metilo, gases que expulsa una persona sana, porque se ha descubierto que estos gases aumentan en los diabéticos cuando se encuentran en un estado hiperglucémico. Eventualmente, podrá hacerse un prueba de aliento.[7]

Por último, siempre hay dispositivos caseros para medir la glucosa en sangre (glucómetros) disponibles en casi cualquier farmacia del país. Se pincha el dedo o el brazo con una agujita y el aparato hace una lectura. O se puede ayunar durante doce horas, hacer una lectura y luego ingerir una comida normal. Pínchate el dedo una hora después de comer y compara los resultados. Si los resultados no son normales (el fabricante del glucómetro debe proporcionar números para un rango normal), te diría que debes empezar inmediatamente a seguir el Plan de Alimentación III (consulta la página 158). Tras seguir el plan durante una semana, vuelve a realizar una lectura para ver si estás progresando. Si no es así, consulta al médico.

Cualquiera de estas pruebas te ayudará a conocer más sobre tu cuerpo para que puedas tomar una determinación sobre tu tolerancia a la glucosa sin tener que recurrir a la OGTT. Sin embargo, siempre hay excepciones a la regla. Si ninguna otra prueba te dice definitivamente que eres diabéti-

---

7. Novak, B.J. «Exhaled Methyl Nitrate as a Noninvasive Marker of Hyper- glycemia in Type 1 Diabetes». *Proceed of Nat Acad Science.* Oct. 2, 2007, 104(40), 15613-15618.

co, resistente a la insulina o hipoglucémico, es posible que tengas que hacerte la OGTT. Te dará la información que necesitas.

Déjame decirte una cosa más. Si tú o tu médico sospecháis que tienes un problema de azúcar en sangre, hazme el favor de seguir el Plan de Alimentos III durante dos semanas antes de realizarte cualquier prueba, y utiliza el kit de monitoreo corporal para detectar alergias alimentarias. Muchas personas sólo necesitan dejar de abusar de sí mismas y sus organismos responderán. Lo primero es lo primero.

## Conclusión

Éste es un capítulo que puedes consultar tantas veces como necesites para conseguir información que te ayude a elegir los carbohidratos de manera inteligente. Las dos cosas más importantes que debes recordar al elegir sabiamente son: comer alimentos integrales y elegir los carbohidratos que tengan la menor cantidad de azúcar.

Hablando de azúcar, el siguiente capítulo contiene mucho azúcar. De hecho, rezuma azúcar. Así que deja la cuchara en la cocina hasta después de leer toda la información impactante que contiene, porque una vez que hayas terminado de leer, no querrás toda esa comida con azúcar añadido.

# 5

# EL AZÚCAR Y LO QUE COMEMOS

Este capítulo trata sobre alimentos y bebidas que nos llevamos a la boca y que no le gustan a nuestro cuerpo. La cabeza dice: «dame, dame» y el cuerpo dice: «¡Esto no!». Muchas veces la cabeza tienen su manera de interponerse en el camino para que nuestro cuerpo se sienta bien.

En primer lugar, en la lista de cosas malas que nos llevamos a la boca están los refrescos, que a muchos de nosotros nos aportan demasiadas calorías. Descubrirás que estas bebidas (que son esencialmente azúcar y productos químicos) desafortunadamente nos brindan muchas más cosas que nuestro cuerpo no necesita, además de calorías.

Ensure es una bebida con muchas calorías. Algunas personas usan Ensure como sustituto de una comida. El anuncio de esta bebida dice que es una bebida sanísima con vitaminas y minerales. El fabricante se olvidó de decirnos que tiene tanto azúcar que altera la química del organismo y pierde su valor nutricional. Descubrirás productos de los mismos fabricantes de Ensure que ni siquiera indican la cantidad de azúcar del producto en la etiqueta de información nutricional.

Añadimos azúcar a muchos alimentos procesados, aunque muchos de ellos ya son dulces. No sólo nos hemos olvidado del sabor de los alimentos originales, sino que hemos hecho que el resultado final sea poco saludable. Este capítulo te enseñará cómo averiguar cuánto azúcar natural hay en un producto y cuánto azúcar se añade.

El maíz es algo que empezó siendo un producto sano, pero si lo convertimos en sirope de maíz, el organismo se encuentra con dificultades para procesarlo. Personalmente, creo que el sirope de maíz es un combustible más adecuado para los automóviles que un edulcorante para los alimentos.

El chocolate tiene antioxidantes y, por lo tanto, es un alimento saludable en su forma cruda y sin procesar. Sin embargo, cuando el chocolate se procesa, pierde algunos de sus nutrientes. Luego, cuando se añade azúcar, el organismo no puede usar los saludables antioxidantes presentes en el chocolate crudo. Este capítulo también incluye información sobre los AGE, sustancias nocivas para la salud que nuestro cuerpo produce cuando comemos azúcar todo el tiempo y nuestro torrente sanguíneo no tiene tiempo para procesar la glucosa en las células o el hígado.

Sigue leyendo para conocer los detalles de estos productos azucarados.

## Datos contundentes sobre las bebidas carbonatadas

Tanto si los llamas refrescos, sodas, gaseosas o bebidas carbonatadas, tienen mucho azúcar añadido. De hecho, todo es azúcar añadido. (Consulta la página 85 para más información sobre azúcares añadidos). Si está hecho con azúcar (y no es directamente «sin azúcar») y es de 300 ml (que son la mayoría de los refrescos), es probable que te estés bebiendo alrededor de 10 cucharaditas de azúcar por lata. También hay otras bebidas no carbonatadas que tienen un exceso de azúcar. Esta sección explicará qué contienen dichas bebidas y cómo afectan al organismo.

### Una cantidad abrumadora

En 2005, el estadounidense medio bebía 135 litros de refrescos normales (con azúcar, en lugar de *zero*) y 31 litros de zumos de frutas al año.[1] (Para que conste, el término «refresco» se refiere únicamente a los refrescos. Otras bebidas repletas de azúcar a las que me refiera son parte de una categoría diferente). El zumo de manzana, uva o naranja (recién exprimido

---

1. U.S. Department of Agriculture. «Food Availability, Custom Queries». www.ers.usda.gov/Data/FoodConsumption/FoodAvailQueriable.aspx

o embotellado) tienen en 300 ml la misma cantidad de azúcar que una lata de refresco de 300 cl. Eso son 50 litros de bebidas. Y equivalen a aproximadamente 1700 raciones de refresco normal y zumo de frutas por persona y año. De esas 1700 bebidas gaseosas y zumos de frutas, la mayoría son refrescos normales (gaseosas).

Los refrescos dietéticos no contienen azúcar por sí mismos, pero la industria usa edulcorantes artificiales para darles ese sabor azucarado. En promedio, los estadounidenses beben 171 latas de refresco dietético por persona al año.[2] Entonces, en total, bebemos más de 637 latas de refresco de 300 ml (normal o *zero*) o zumo de frutas por persona al año.

Hay otras tres categorías de bebidas no alcohólicas que contienen azúcar. La primera son las bebidas de frutas o néctar, que se diferencian del zumo de frutas porque se componen de una pequeña cantidad de zumo de fruta y mucho azúcar. La segunda son las bebidas que terminan en «-ade», como Gatorade. La tercera son los cócteles sin alcohol, como los margaritas. Los estadounidenses beben 63 litros de bebidas de estas categorías combinadas por persona al año.[3]

A continuación, se muestra un ejemplo de las cantidades de azúcar en estas bebidas no alcohólicas. Una ración de 250 ml de néctar de frutas tiene 30 gramos (7½ cucharaditas) de azúcar. Gatorade tiene 14 gramos (3½ cucharaditas de azúcar) por ración de 250 cl. José Cuervo Margarita Mix tiene 24 gramos (6 cucharaditas) de azúcar por ración de 150 ml. Eso es más azúcar que 150 ml de Coca-Cola.

De vuelta a la soda. La cantidad de azúcar o sirope de maíz con alto contenido de fructosa en cada lata de refresco varía según la marca. Es suficiente decir que 10 cucharaditas de azúcar es un buen promedio para la cantidad de azúcar en latas de 300 ml de refresco (y zumo de frutas).

Ahora bien ¿por qué los refrescos son tan insanos? Comencemos con el hecho de que las personas que beben la cantidad media de refresco normal (379 latas de 300 ml al año, como mencioné anteriormente) consumen 3790 cucharaditas adicionales de azúcar u otros edulcorantes por persona y año.

---

2. Ibíd.
3. Ibíd.

Créeme cuando te digo que los refrescos dañan el organismo lentamente y pueden acabar matando. En 2004, la American Academy of Pediatrics (AAP) hizo esta declaración de principios en su revista *Pediatrics*: «Los pediatras deben trabajar para eliminar las bebidas edulcoradas en las escuelas». Los médicos citaron la obesidad y el reemplazo de nutrientes que se encuentran comúnmente en los alimentos integrales y la leche como las principales razones de este cambio de principios.[4]

Veamos algunos de los hechos que la AAP utilizó al determinar esta declaración de principios que, en teoría, todos los pediatras deberían seguir. Por cada ración adicional de refresco que consume un niño, tanto el índice de masa corporal (IMC) como el riesgo de obesidad aumentan (después de tener en cuenta factores como el estilo de vida, la ubicación y la dieta).[5] Se pensaba que estos aumentos eran causados por la ingestión de azúcar en forma líquida (refrescos, zumos de frutas y otras bebidas no alcohólicas).[6]

Quizás te ayude a entenderlo si simplificamos el concepto. Una ración promedio de refresco tiene alrededor de 150 calorías. Digamos que se supone que un niño corriente consume 2000 calorías al día para mantener un peso y un estilo de vida saludables. Cada refresco que consume ese niño hace que su ingesta total de calorías diarias sea superior a 2000 y eso provoca un aumento de peso. Por lo tanto, si un niño consume un refresco al día, con un promedio de 150 calorías adicionales por refresco, al final de un año el niño pesará 7 kilos de más.

---

4. Taras, H.L., *et al.* «Policy Statement». *Pediatrics*. Enero 2004, 113, 1, 152-154.
5. Ludwig, D.S., *et al.* «Relation Between Consumption of Sugar-Sweetened Drinks and Childhood Obesity, a Prospective Observational Analysis». *Lancet*. 2001, 57, 505-508.
6. Mattes, R.D. «Dietary Compensation in Humans for Supplemental Energy Provided as Ethanol or Carbohydrates in Fluids». *Physiol Behav*. 1999, 99, 436-441.

## ¿TIENES SOBREPESO? ¡DESCÚBRELO!

El IMC de una persona mide la grasa corporal teniendo en cuenta la altura y el peso. Aunque, en realidad, no mide el porcentaje exacto de grasa corporal en un individuo, es una herramienta útil para determinar un peso promedio sano para una altura específica. Muchos médicos y nutricionistas utilizan el cálculo IMC porque proporciona un número simple que le dice a los pacientes si tienen bajo peso, peso normal, sobrepeso u obesidad, lo que permite a los profesionales de la salud comentar cualquier problema que pueda existir con el paciente.

### Calcula tu IMC

¿Quiere saber dónde estás en la escala de IMC? Pon tu altura y peso en la ecuación para ver el resultado.

$$\frac{\text{Peso (en kilogramos) x 703}}{\text{Altura (en metros)}^2} = \text{IMC}$$

¿Qué significa tu IMC? Si es:

→ Por debajo de 18,5 se considera bajo peso.
→ Entre 18,5 y 24,9 se considera que tiene un peso normal.
→ Entre 25 y 29,9 se considera sobrepeso.
→ Más de 30 se considera obesidad.

Si prefieres que otro calcule por tí, puedes utilizar una de las calculadoras online para IMC que encontrarás fácilmente en Google.

## Aunque sean sin azúcar, siguen siendo insanos

Si el azúcar adicional en los refrescos no es suficiente para que dejes de beber refrescos y zumos, tal vez sea hora de profundizar en la lista de ingredientes de cualquier refresco corriente para ver qué más llevan de malo.

Los ingredientes de las bebidas carbonatadas son, normalmente, agua carbonatada (agua con dióxido de carbono), edulcorante, ácido fosfórico, aromatizantes naturales y artificiales, ácido láctico, cafeína y conservantes. Simplifiquemos: agua carbonatada, edulcorantes y productos químicos.

Después del azúcar o los edulcorantes, el ácido fosfórico es lo más dañino, por lo que ni siquiera es seguro beber refrescos tipo *zero*. Los fabricantes añaden ácido fosfórico para mantener el gas en el agua carbonatada hasta el momento de abrir la lata o la botella y que sólo entonces se libere el gas. La ciencia nos dice que la ingesta de ácido fosfórico introduce fósforo en el torrente sanguíneo.

¿No he mencionado aún la relación calcio-fósforo? ¿No? Bien, pues presta atención. Cuando las personas ingieren azúcar, por lo general su nivel de fósforo baja y su nivel de calcio aumenta, pero estos minerales solamente funcionan de acuerdo con una proporción establecida que nunca cambia. Hemos hablado de cómo los minerales sólo funcionan cuando se relacionan entre sí y éste es un excelente ejemplo de ello. Más calcio y menos fósforo significa que hay mucho calcio acumulado que no sirve para nada. Dado que el organismo no acepta minerales inactivos, los trata como toxinas. Dicho calcio sobrante forma placa en los dientes, se acumula en las articulaciones, los ojos y los vasos sanguíneos, que suelen acabar obstruidos.

Parecería, en consecuencia, muy lógico añadir fósforo para contrarrestar los efectos del consumo de azúcares. Por ejemplo, a primera vista puede parecer que beberse una lata de refresco para recuperar los niveles de fósforo no es una mala idea, pero tener demasiado fósforo en el torrente sanguíneo también provoca efectos nocivos. Si crees que abrirte una lata de refresco contrarrestará el trozo de tarta de chocolate que te acabas de zampar, recuerda que estás tomando fósforo con azúcar, cafeína y otras sustancias químicas que actúan por separado y acaban por inhibir el sistema inmunológico.

El ácido fosfórico es un químico aterrador. Aumenta los niveles de fósforo y cambia el pH (el equilibrio ácido/alcalino) del cuerpo, de modo que lo vuelve muy ácido, y la acidez del terreno es otro factor de estrés para el organismo. Tener ácido fosfórico en las estructuras internas es una lesión grave, igual de malo que el ácido de batería en la piel. La mayoría de los sistemas inmunológicos se declaran en huelga en un entorno muy ácido, otra forma infalible para ponerse enfermo. Del mismo modo, muchos refrescos contienen 2-acetil-4-tetrahidroxibutilimidazol, un palabro que es mejor abreviar: THI. Éste es el químico que le da a los refrescos de cola ese bonito color caramelo. El THI reprime el sistema inmunológico. Probablemente esto se deba a que el sistema digestivo no puede convertir el THI en una sustancia que el organismo pueda utilizar. Por lo tanto, el sistema inmunológico sale en defensa para eliminar el THI del cuerpo. De hecho, investigadores australianos recomendaron usar el THI para tratar enfermedades autoinmunes, como la artritis o el lupus, que ocurren cuando el sistema inmunológico reacciona de forma exagerada. Si eso ocurre, el organismo se vuelve hiperactivo. El THI inhibe el sistema inmunológico o lo ralentiza con la intención de que funcione correctamente. Pero es más lógico lidiar con la razón por la que se tiene lupus o artritis, en lugar de tomar THI, dado que la supresión del sistema inmunológico conduce a otros problemas, como una mayor susceptibilidad a las enfermedades.

Los investigadores también sugirieron que el THI se use en la cirugía de trasplantes para prevenir el rechazo de órganos.[7] En la cirugía de trasplantes, el sistema inmunológico reacciona de forma exagerada. Quiere deshacerse del invasor extraño (el órgano que se ha trasplantado). El THI suprime el sistema inmunológico y, con suerte, permite que el trasplante prospere en el organismo.

Esos investigadores me ayudan a defender mi opinión, ya que la mayoría de la gente no quiere deprimir su sistema inmunológico.

## Otros usos de los refrescos

El ácido fosfórico es la razón principal por la que se rumorea que los refrescos tienen, además de su función principal como bebidas, muchos otros usos que pueden hacer que incluso a un consumidor ávido de refrescos se le pongan los pelos de punta. Se dice que la Coca-Cola es un excelente desatascador industrial, porque se utiliza con éxito para limpiar tanto la grasa como las incrustaciones en los inodoros y los motores.

---

7. «Why Soda is Bad for You». www.mercola.com. Viewed Dic. 21, 2007.

¡Oíd, consumidores de refrescos, estáis bebiendo un disolvente industrial!

¿Te sientes seguro?

Otro rumor sobre los refrescos es su uso en la India como pesticida. *The Guardian*, uno de los mejores periódicos de Londres, informó que los agricultores estaban usando diferentes tipos de refrescos para matar insectos en lugar de pesticidas más caros. El artículo era bastante breve y no explicaba qué ingredientes concretos de las bebidas eran los que mataban a los insectos. Creo que el ácido fosfórico podría ser el responsable.

## La línea de fondo

La mayoría de estos datos contra los refrescos se refieren a bebidas azucaradas, pero las bebidas sin azúcar, especialmente las que contienen aspartamo (más conocido como NutraSweet, un edulcorante artificial), tienen sus propios efectos negativos. Los investigadores han introducido los productos sin azúcar en sus estudios tardíamente, pero han descubierto que su ingesta provoca cambios similares al azúcar en la química corporal, y el hígado es el más afectado.[8] El aspartamo no es un alimento natural, por lo que el hígado tiene que esforzarse en convertirlo en una sustancia que el organismo pueda metabolizar o eliminar.

No puedo enfatizarlo más: deja de beber refrescos, gaseosas, bebidas para deportistas, zumos de frutas embotellados, néctar de frutas, mezclas de cócteles y bebidas que terminen en «-ade». En su lugar, come fruta entera o zumos naturales recién hechos, sin ponerle ningún edulcorante.

Los refrescos son una fuente primaria de azúcar y, por lo tanto, representan un grave problema de adicción. Si tu problema con el azúcar viene principalmente por los refrescos, pide ayuda a Food Addicts Anonymous y Food Addicts in Recovery Anonymous (*véase* Fuentes, en las páginas 193-194).

---

8. Tordoff, M.G. y Alleva, A.M. «Effect of Drinking Soda Sweetened with Aspartame or High Fructose Corn Syrup on Food Intake and Body Weight». *Am J Clin Nutr.* 1990, 51, 963-969.

# Ensure es de todo menos algo seguro

Sacarosa. Sirope de maíz. Maltodextrina. Todas ellas son formas de azúcar, y todas se pueden encontrar en la lista de ingredientes de Ensure, una bebida «saludable» elaborada por Abbott Laboratories. Se les da a las personas mayores cuando no pueden consumir alimentos sólidos mientras se recuperan de una operación o una enfermedad. Algunos lo usan no sólo como sustituto de comidas, sino también como bebida entre ingestas para no pasar hambre. Los sustitutos de comidas me dan tanto miedo que me pregunto si la Administración de Alimentos y Medicamentos (FDA) o la Comisión Federal de Comercio (FTC) los acabarán eliminando del mercado por publicidad engañosa. Si te preguntas por qué me asustan tanto, sigue leyendo y vas a ver lo que es realmente el Ensure.

## La etiqueta engaña descaradamente

¿Te he dicho ya que los fabricantes a veces desglosan en la etiqueta de los ingredientes los azúcares de sus productos en diferentes formas de edulcorantes presentes, haciendo que parezca que la cantidad total de azúcares es menor de lo que realmente es? Por ejemplo, los cuatro ingredientes principales enumerados para Ensure son agua, azúcar (sacarosa), sirope de maíz y maltodextrina (una maicena refinada). Para Ensure, parece que el ingrediente principal es el agua, porque éste aparece en primer lugar. Sin embargo, la sacarosa, el sirope de maíz y la maltodextrina (todas ellas formas de azúcar) se enumeran consecutivamente en los siguientes tres espacios. La realidad es que hay muchos azúcares en este producto.

El Ensure normal tiene 40 gramos (10 cucharaditas) de carbohidratos totales por botella de 300 ml. La compañía también fabrica una bebida llamada Ensure Plus, que tiene 50 gramos (12 ½ cucharaditas) por botella. Lleva a engaño, porque la etiqueta de Ensure normal dice que sólo hay 22 gramos de azúcar (sacarosa) por botella. Los otros 18 gramos provienen de la maltodextrina. (Los detalles sobre la maltodextrina se presentarán en la siguiente sección). Por lo tanto, todos los gramos de carbohidratos en Ensure y Ensure Plus provienen de sus diferentes azúcares. Coca-Cola también tiene 40 gramos de azúcar por lata de 350 ml. Vamos a aclararnos: el sustituto de líquido «saludable» para las comidas y el refresco «insano» tienen exactamente la misma cantidad de azúcar, pero la bebida «saludable» mete los azúcares en una solución un tercio más concentrada que en la Coca-Cola. En otras palabras, si bebes cantidades iguales de Ensure y de Coca-Cola, Ensure te dará 1,5 veces más cantidad de azúcar. ¿Qué bromista etiquetó este producto con la palabra «saludable»? Incluso si sólo tenemos en cuenta el contenido de sacarosa del Ensure, sigue siendo 5,5 cucharaditas por botella, que es una barbaridad para una bebida de 300 ml ¿Cómo se puede considerar una bebida que básicamente es agua con azúcar un sustituto saludable de una ingesta?

Ensure también contiene vitaminas y minerales, por lo que la etiqueta dice que la bebida representa una «nutrición completa y equilibrada para mantenerse sano, activo y enérgico». La verdad es que este tema me preocupa mucho porque veo a cantidad de personas mayores comprando este producto en el supermercado a todas horas. Llenan sus carros con Ensure sin saber lo insano que es.

## Los cuatro grandes

Volvamos un momento a los cuatro ingredientes principales en Ensure para demostrar por qué «saludable» y «activo» pueden ser contradicciones en una etiqueta:

- *Agua.* No puedo criticar el agua, porque los que vivimos en lugares civilizados, donde el agua llega directamente a nuestras casas, es posible que ni siquiera necesitemos filtros para beber agua limpia y potable, pero parece que cuando compramos productos con agua, nos están cobrando una tarifa muy superior a la que pagamos por el agua del grifo.
- *Azúcar.* Como verás en este libro, el azúcar hace cosas horribles en el organismo, en gran parte porque es ácida y obliga al cuerpo a extraer minerales del torrente sanguíneo para amortiguar la acidez. Una vez que se han extraído esos minerales, las relaciones entre ellos cambian y eventualmente deprimen el sistema inmunológico, lo que lleva a la diabetes, al cáncer, al síndrome metabólico y a un mar de enferme-

dades diversas que se analizarán más adelante (*véase* el Capítulo 6, página 105).

* *Sirope de maíz.* El sirope de maíz se ha relacionado con muchas de las mismas dolencias que provoca el azúcar, como la diabetes, las enfermedades cardíacas y el cáncer. Sin embargo, las muchas mezclas diferentes que puede tener el sirope de maíz están vinculadas colectivamente a la obesidad y en mayor proporción que el azúcar normal. Esto se debe al alto contenido en fructosa, que se degrada en el hígado y se convierte directamente en grasa. Los refrescos también usan sirope de maíz (a veces llamado sirope de maíz con alto contenido en fructosa) y, por lo tanto, están altamente asociados con la obesidad.

* *Maltodextrina.* La maltodextrina es un carbohidrato que generalmente se elabora a partir de almidón de maíz refinado, pero también se puede preparar a partir de arroz. Tiene un índice glucémico (IG) muy alto, de 100, en gran parte porque se degrada muy rápidamente. El IG mide la velocidad a la que un alimento individual eleva los niveles de azúcar en sangre. Cualquier alimento con un IG de 55 o menos se considera de rango bajo. Cuando el nivel de azúcar en sangre aumenta por cualquier motivo, se debe secretar insulina para recuperar la homeostasis. Esto significa que hay una respuesta de insulina rápida y alta para la maltodextrina, ya que tiene un IG de 100. Muchas veces, cuando leo sobre la maltodextrina en Internet, veo que se les dice a las personas que consulten con el médico antes de ingerirla si son diabéticos. Para mí, eso es una bandera roja en toda regla. Tanto si la gente es diabética como si no, deben pensar seriamente antes de comer o beber alimentos que contengan maltodextrina. A algunos atletas serios les gustan las bebidas para deportistas y otras bebidas con maltodextrina porque elevan el azúcar en sangre de forma rápida y potente, proporcionando una oleada de energía que les viene estupendamente para su práctica deportiva. Pero para el resto de mortales, es mejor no tomar bebidas con maltodextrina porque no necesitamos ese pico de azúcar en sangre que, con el tiempo, puede ser un auténtico problema. La maltodextrina también se usa como relleno. Llamamos relleno a todo alimento barato que las fábricas mezclan con cualquiera que sea su produc-

to para que las cajas, cartones o latas del producto parezcan más llenas. De esta forma, se ahorran el uso de componentes caros. Además, la maltodextrina también se emplea como conservante de alimentos. Si eso parece bueno a primera vista, no lo es. Cuanto menos azúcar y conservantes le metamos al cuerpo, más sanos estaremos.

Independientemente del edulcorante que se enumere primero en una etiqueta, todos desequilibran la química del organismo. Mi posición es que las vitaminas y minerales suplementarios (como los que se encuentran en Ensure) son inútiles cuando se toman acompañadas de azúcar. Sin embargo, muchos médicos no aceptan esta premisa, lo cual explica cómo Ensure y otras marcas con ingredientes similares pueden etiquetarse descaradamente como «saludables». La idea es que estas bebidas contienen vitaminas y minerales y que el contenido de azúcar no afecta a la forma en que se absorben dichas vitaminas y minerales. Así que estas bebidas se consideran sanas y aceptables hasta que se cambie de opinión al comprender el efecto del azúcar en la química del organismo. ¡Ay, cómo me gustaría que eso pasara! Pero aún no ha llegado la hora.

Para poner estos sustitutos líquidos de las comidas en su contexto, hay que comprender que se puede conseguir el mismo resultado tomando un multivitamínico con una Coca-Cola. Evidentemente no es algo bueno para la salud, pero en términos económicos es un regalo del cielo. Ensure se vende aproximadamente a 27 €/kg. El litro de Coca-Cola se vende por 1,70 €. Si le añades el coste de un multivitamínico corriente (unos 8 €) tendrás un sustituto de la comida tan insano como Ensure pero mucho más barato (9,70 €). Muchos restaurantes de comida rápida tienen secciones de refrescos con todo lo que te puedas imaginar, por lo que acabar enfermo o medio muerto sale realmente muy barato. ¡Al menos los refrescos normales no se etiquetan a sí mismos como saludables!

## PediaSure: ideal para niños y bebés

Abbott Laboratories también fabrica un producto para bebés y niños llamado PediaSure. Ansiosa por saber cuánto azúcar había en una botella, me metí en el sitio web de PediaSure. Toda la información que encontré fue que PediaSure es «Nutrición equilibrada y completa para la salud de los niños».

## Otro sustituto de la comida: La alimentación intravenosa

Como he mencionado, ENSURE también se usa como sustituto de la comida para las personas mayores, cuando se están recuperando de una intervención quirúrgica o durante una enfermedad. Eso me lleva a otro tema que me interesa mucho: la alimentación intravenosa, también llamada nutrición parenteral total. Los pacientes se pueden someter a este procedimiento en un hospital o en su casa. Cuando el sistema digestivo de una persona no está listo para reanudar su trabajo tras una operación o enfermedad, se le coloca una vía especial de alimentación durante un par de días —a veces durante una semana o más—. Este sustituto de la comida es una mezcla de agua azucarada, aminoácidos , vitaminas, minerales, otros suplementos y, en ocasiones, ácidos grasos y fármacos. Es el único medio de alimentación posible hasta que el sistema digestivo del paciente esté preparado para digerir correctamente.

La razón por la que se añade azúcar a las vías intravenosas son las calorías, pero la mayoría de la gente puede aguantar unos cuantos días sin ingerir calorías y no pasa nada. A un diabético se le pone una vía intravenosa sin azúcar, entonces ¿por qué no a todos los demás?

Cuando estamos enfermos, tenemos la química corporal alterada. Nuestro organismo necesita toda la ayuda posible para curarse de una operación o enfermedad. No necesita azúcar que inhiba su sistema inmunológico. El sistema inmunológico tiene que trabajar para nosotros, no contra nosotros.

Si te vas a operar de algo, empieza a pedir una vía intravenosa sin azúcar durante las etapas de planificación, no justo antes de la operación. Estoy segura de que tendrás un final feliz tras la operación o la enfermedad, sin azúcar. Para recibir una vía intravenosa sin azúcar, todo lo que el paciente debe hacer es pedírsela al anestesiólogo.

La compañía enumera los ingredientes en el sitio web, incluida la cantidad de carbohidratos en la bebida, pero no la cantidad de azúcar. Así que fui a una tienda y miré una botella. Efectivamente, más de lo mismo. No pone ninguna cantidad de azúcar (*véase* figura 5.1).

No me rindo fácilmente, así que llamé a la empresa y hablé con un representante de atención al cliente. Le pregunté por qué el contenido de azúcar no figuraba en las botellas o en el sitio web de PediaSure. Me dijo que PediaSure entra en la clasificación de medicamentos y, por lo tanto, no tiene obligación de etiquetar el contenido de azúcar. Muestra, en la etiqueta de información nutricional, todo lo demás que lleva el producto. Pero el amable representante de ventas tuvo a bien decirme cuánto azúcar hay en PediaSure: cada botella de 225 ml de sabor a chocolate lleva 31 gramos de carbohidratos (24 de ellos son sacarosa, lo que equivale a 6 cucharaditas de azúcar). ¿Por qué un bebé tiene que comer chocolate? ¿Por qué no podemos alimentar a nuestros bebés con comida para bebés y zumo diluido (¾ de agua mineral y ¼ de zumo de manzana, naranja o uva)? Los otros 7 gramos de carbohidratos de la bebida provienen de la maltodextrina. «El único producto que consideramos azúcar es la sacarosa», me dijeron. Esto significaría que, incluso sin la maltodextrina, hay 24 gramos de azúcar en PediaSure, una bebida para niños y bebés. Eso es más azúcar de la que contiene Ensure. ¿Por qué obligar a nuestros bebés a aficionarse al azúcar y al chocolate tan temprano en la vida?

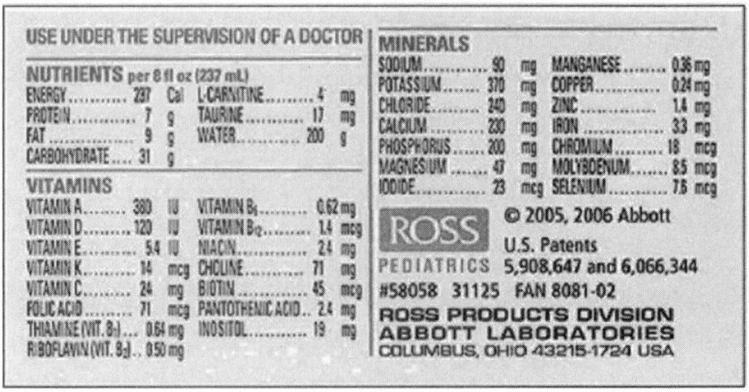

Figura 5.1. Etiqueta de Pediasure.

## Sustitutos de las comidas líquidas cargadas de azúcar

Ya hemos planteado que los sustitutos de comidas no son precisamente sanos. Sin embargo, hay algunas personas que dicen: «Vale, pero yo tengo problemas con los alimentos sólidos y necesito más calorías. ¿Ahora qué?» En este sentido, presento algunas sugerencias de alimentos que puedes preparar como sustituto de Ensure u otras bebidas cargadas de azúcar.

- Prueba diferentes marcas de comida para bebés. Beech-Nut es una empresa que no pone azúcar ni sal añadidos en sus productos. La comida para bebés es fácil de comer, y si necesitas aumentar de peso, elige los alimentos con más calorías. Consulta diferentes alimentos para bebés para prepararte unos menús variados. Tanto los adultos como los niños con problemas para digerir los alimentos sólidos no necesitan más calorías, pueden beneficiarse de la comida para bebés. (Para saber más sobre Beech-Nut, *véase* Fuentes, página 192).
- Hacer puré de frutas. Puedes hacerte purés de muchas frutas a la vez y te durarán unos tres días en la nevera. Si eres prediabético, diabético, hipoglucémico, tienes cáncer o sufres una candidiasis, no te recomiendo que comas fruta hasta que tengas el problema bajo control. Hay demasiado azúcar en la fruta.
- Cuece verduras y luego hazte un puré o una crema suave. Si quieres utilizar verduras congeladas por comodidad, no hay ningún problema. Añade un poco de aceite y un poco de sal y mezcla la crema con las especias que tú quieras. Recuerda, las hierbas y las especias ayudan a complacer el paladar. Estas cremas de verduras durarán unos tres días en la nevera.
- Mira en las secciones de latas y congelados del súper. También hay tiendas con diferentes artículos interesantes. Casi siempre hay calabaza enlatada, en puré. También he encontrado puré de calabaza y de otras verduras. Sin embargo, siempre que sea posible, es mejor utilizar frutas y verduras congeladas antes que las enlatadas.
- Cuece carne picada de ternera, pavo, pollo o cordero, y tritúrala junto con el puré de verduras.

● Cuece y tritura patatas. Añade aceite. Para conseguir un sabor diferente, mézclalas con verduras, carne o pescado.

¡Un último punto importante es **no aceptar sustitutos** de la comida real!

---

## EL POLLO ESTÁ DEMASIADO HECHO

En 1912, un francés llamado Louis Maillard, descubrió que la razón por la que algunos alimentos después de guisarlos cambian de color y se ponen duros se debe a una unión química entre la glucosa y las proteínas. Esta reacción se llamó reacción de Maillard. Al resultado de la reacción de Maillard, Maillard la llamó Proteína Glicada o Productos Finales Glicados Avanzados (AGES).

### La reacción de Maillard forma AGES

La reacción de Maillard hace que las tostadas se pongan marrones y el bistec se endurezca durante la cocción. Se requieren altas temperaturas para unir las moléculas de glucosa con las proteínas. Maillard descubrió que esta unión cambiaba la estructura de la proteína y que la nueva estructura resultante podría plantear problemas para digerirse, asimilarse y metabolizarse correctamente en el organismo.

Además de asados o fritos, los alimentos precocinados por los fabricantes tienen que calentarse en casa a altas temperaturas. Calentar los alimentos a temperaturas superiores a 118 °C provoca un aumento muy rápido de AGES, indicado por el tono dorado del producto. Estos alimentos tienen una intensidad y un sabor realmente sabroso, que gusta muchísimo a la gente, y en los últimos cincuenta años, los fabricantes de alimentos precocinados han aprovechado la circunstancia para aumentar en gran medida la cantidad de AGES de sus productos procesados e incluso añaden AGES sintéticos.[9]

---

9. Peppa, M., *et al.* «Glucose, Advanced Glycation End Products, and Diabetes Complications, What Is New and What Works». *Clin Diabetes.* 2003, 21, 186-187.

## Azúcar y AGES

Las investigaciones han demostrado que esta misma reacción (cuando el azúcar se une a las proteínas de forma anormal) puede ocurrir dentro del organismo cuando nuestra glucosa en sangre se eleva y permanece elevada. Obviamente esta reacción no tiene nada que ver con calentar o dorar algo.

Como ya he dicho, las personas consumen en promedio más de 63 kilos de azúcar por persona al año.[10] Este exceso de azúcar puede hacer que algunas personas tengan niveles elevados de glucosa en sangre continuamente, más gente ahora que en el pasado, cuando comíamos menos azúcar. Cuando comemos azúcar durante todo el día, nuestro nivel de azúcar en sangre no tiene la oportunidad de regresar al estado de homeostasis o, si lo consigue, no permanece en equilibrio mucho tiempo. Cuando la sangre y las células sanguíneas se inundan continuamente con azúcar, la glucosa puede unirse de forma no enzimática con las proteínas. Puede que no suene terrible, pero lo es. Existe un proceso normal en el que los azúcares se unen enzimáticamente a las proteínas del organismo para formar glicoproteínas (proteínas del azúcar) que son esenciales para el funcionamiento del cuerpo. Todas estas reacciones químicas en los tejidos vivos están bajo un estricto control enzimático y se ajustan a un programa metabólico perfectamente regulado. Cuando las enzimas unen la glucosa a las proteínas, lo hacen en un sitio específico, en una molécula precisa, para un propósito concreto. Por ejemplo, estas glicoproteínas ayudan a fortalecer las paredes celulares, que están formadas por proteínas. El organismo convierte las glicoproteínas normales en enzimas, en tejido muscular y en todas las demás estructuras necesarias para la vida. Algunas de las enzimas creadas rigen la formación de glicoproteínas, y así volvemos al inicio del ciclo. También se utilizan como agentes protectores y lubricantes en la sangre.

Se supone que el azúcar y las proteínas no se unen de forma no enzimática. Cuando lo hacen, los productos que se forman son los mismos que aquellos que se forman a partir del dorado de la carne a altas temperaturas: el AGES. Este proceso puede alterar permanentemente la estruc-

---

10. USDA. «Food Consumption». http//ers.usda.gov/publications/sb965/sb965f.
    pdf. Projected upon 1997's consumption. Pág. 9.

tura molecular de la proteína y, como resultado, alterar la forma en que funciona el AGES en el cuerpo. La proteína, entonces, se vuelve tóxica para el organismo.

## AGES y enfermedad

Dado que al cuerpo no le gusta la toxicidad, le pide al sistema inmunológico que venga al rescate y elimine las sustancias tóxicas. Con el tiempo, esta solicitud permanente agota al sistema inmunológico y la degeneración se establece lentamente. Dichos cambios pueden comenzar como trastornos menores o pequeñas discapacidades, a saber, alergias, presión arterial alta o dolores de cabeza, pero pueden continuar hasta convertirse en enfermedades específicas, como patologías cardíacas, cáncer o diabetes.

Los AGES se caracterizan por tener pigmentos marrones o fluorescentes y parecen estar relacionados con muchas complicaciones que tienen que ver con la edad, como la aterosclerosis (el endurecimiento de la placa en las paredes arteriales), hipertensión, degeneración macular (pérdida de la visión en el centro del ojo que puede provocar ceguera), rigidez de las articulaciones, artritis reumatoide, enfermedad de Alzheimer, cataratas y diabetes.[11, 12, 13, 14, 15]

Un estudio presentado en la reunión anual de la American Diabetes Association, en San Francisco, muestra que ingerir alimentos demasiado hechos también puede causar infartos de miocardio, derrames cerebrales y daño en los nervios.

11. Uribarri, J., *et al.* «Diet-Derived Advanced Glycation End Products Are Major Contributors to the Body's AGE Pool and Induce Inflammation in Healthy Subjects». *Annals N Y Acad Sci.* 2005, 461-466.

12. Tabaton, M., *et al.* «Is Amyloid Beta-protein Glycated in Alzheimer's Disease?» *Neuroreport.* 1997, 8(4), 907-909.

13. Ishibashi, T., *et al.* «Advanced Glycation End Products in Age-related Macular Degeneration».*Arch Ophthalmol.* Dic. 1998, 116(12), 1629-1632.

14. Dawczynski, E. «Advanced Glycation End-Products (AGEs) and Cataract– Distribution in Different Types of Cataract». www.dog.org/2001/abstract_german/Dawczynski_e.htm. Viewed Oct 22, 2007

15. Drinda, S. «Identification of the Advanced Glycation End Products N (epsilon)-carboxymethyllysine in the Synovial Tissue of Patients with Rheumatoid Arthritis». *Ann Rheum Dis.* Junio 2002, 61(6), 488-492.

Los científicos han sabido durante muchos años que cocinar proteínas con azúcares, en ausencia de agua puede formar AGES que dañan los tejidos. Cocinar con agua evita que los azúcares se unan a las proteínas para formar estos químicos venenosos.

Los diabéticos sufren una incidencia muy alta de daños en los nervios, las arterias y los riñones porque los elevados niveles de azúcar en sangre aceleran notablemente las reacciones químicas que forman AGES.[16]

Algunas investigaciones muestran que los vegetarianos pueden acumular más AGES que los carnívoros. Como no ingieren la proteína de la carne, comen mucha fruta y verdura. Cuanto mayor sea el contenido de azúcar de las frutas, más AGES pueden acumular los vegetarianos.

El humo del tabaco es otra fuente bien documentada de AGEs; el azúcar es un ingrediente comúnmente añadido al tabaco. Esto se suma a la pequeña cantidad de azúcar que ya contiene la hoja de tabaco. Pero ¿es el azúcar el que causa el AGES, es el humo del tabaco o son ambos?

Dado que el humo del tabaco se absorbe a través de los pulmones, aumenta la carga corporal de AGES y crea mayores riesgos de infarto, cáncer y otras enfermedades relacionadas con el tabaquismo.[17]

## Cómo frenar el AGES

Cocinar sin agua hace que los azúcares se combinen con las proteínas para formar AGES. Por consiguiente, en un mundo perfecto cocinaríamos al horno, a la plancha, hirviendo o al vapor, y el AGES estaría severamente limitado. Según esta premisa, los alimentos amarronados, como las galletas, la corteza del pan, las carnes doraditas e incluso los granos de café, pueden aumentar el daño a los nervios, particularmente en los diabéticos, que son extraordinariamente susceptibles a ello.

Los intentos para frenar la progresión de las enfermedades vinculadas a los AGES mediante el uso de tratamientos farmacológicos han tenido poco éxito en seres humanos.[18] Personalmente, creo que es una locura

16. Vlassara, H. Picower Institute for Medical Research in Manhasset, N.Y., Annual meeting of the American Diabetes Association in San Francisco. Junio 1996.

17. Peppa, M., et al. «Glucose, Advanced Glycation End Products, and Diabetes Complications, What Is New and What Works». *Clin Diabetes.* 2003, 21, 186-187.

18. King, R.H.M. «The Role of Glycation in the Pathogenesis of Diabetic Polyneuropathy». *J Clin Pathol, Mol Pathol.* 2001, 54, 400-408.

que para detener la reacción de Maillard, la comunidad científica busque una pastilla para darle a alguien que se pasa el día comiendo alimentos procesados o con demasiado azúcar. ¿Quién sabe qué tipo de efectos secundarios puede tener esa píldora?[19]

Los científicos que analizan los alimentos tratan desesperadamente de encontrar un método para ralentizar o detener la Reacción de Malliard en los alimentos procesados. Sin embargo, la mejor manera de detenerla es minimizar la ingesta de alimentos procesados y de azúcar. Una vez que te hayas desenganchado del azúcar, te garantizo que no habrá efectos secundarios.

Por otro lado, dado que las verduras al vapor, los cereales integrales y las legumbres se cocinan con agua, no contienen cantidades significativas de AGES. Ésta es sin duda otra razón para eliminar la mayor cantidad de azúcar posible de la dieta lo antes posible y comer gran parte de los alimentos crudos o al vapor.

Aquí es donde el rey de la barbacoa puede argumentar que el ser humano ha estado asando y dorando alimentos sobre una llama viva desde la noche de los tiempos, cuando se descubrió el fuego, mucho antes de que el AGES se convirtiera en un motivo de preocupación. Pero otros pueden señalar con razón que los registros arqueológicos fechan la aparición de enfermedades relacionadas con la reacción de Maillard en el momento en que los humanos empezaros a cocinar sus alimentos. Ambas declaraciones son correctas. De hecho, la aparición de dichas enfermedades coincide con un evento diferente (aunque no sorprendente): la introducción del azúcar en la dieta moderna.

---

19. Bunn, F., y Higgins, P.J. «Reaction of Monosaccharides with Protein, Possible Evolutionary Significance». *Science.* Julio 10, 1981, 213.

## Más de una cucharada de azúcar en alimentos procesados

Cada alimento procesado tiene una etiqueta de información nutricional. Ahora que sabes que 4 gramos de azúcar equivalen a 1 cucharadita, puedes ver que hay 11 cucharaditas de azúcar en un yogur de manzana (Figura 5.2, página siguiente), pero no se puede saber cuánto azúcar hay en el yogur, cuánto hay en las manzanas o cuánto azúcar es añadido.

Los azúcares añadidos se definen como aquellos que se echan a los alimentos y bebidas durante el procesamiento o la preparación casera. Hasta 2006, esta información era difícil de conseguir y sigue sin ser fácil de averiguar en artículos específicos. Es de esperar que en el futuro se solicite al fabricante que ponga esta información en la etiqueta de información nutricional.

Todas las etiquetas de los alimentos deben incluir además todos los ingredientes que los componen. Puedes ver en la siguiente lista de ingredientes que hay sirope de maíz –con alto contenido en fructosa– en el yogur de manzana, pero seguimos sin saber cuánto.

**INGREDIENTES:** SUERO DE LECHE DESNATADA, MANZANAS, SIROPE DE MAÍZ ALTO EN FRUCTOSA, CANELA, NUEZ MOSCADA, SABORES NATURALES Y PECTINA. CONTIENE YOGUR ACTIVO Y CULTIVOS ACIDÓFILOS.

### ¿Qué cantidad del azúcar que consumes se produce naturalmente?

No hay un renglón específico para el azúcar añadido en las etiquetas de información nutricional de los productos. La cantidad de azúcar que ves en la etiqueta es el contenido total del producto.

Todo esto puede resultar engañoso y confuso. El consumidor no tiene ni idea de la cantidad de azúcar que se encuentra naturalmente en un producto y la cantidad que ha añadido el fabricante.

## INFORMACIÓN NUTRICIONAL
Por ración de un envase (227 g)

| Cantidad por ración | |
|---|---|
| Calorías 240 | Calorías grasas 25 |

| | % Diario recomendado* |
|---|---|
| **Grasas totales 3 g** | 4% |
| Grasas saturadas 1,5 g | 9% |
| Grasas trans 0 g | |
| **Colesterol 15 mg** | 5% |
| **Sodio 140 mg** | 6% |
| **Total de carbohidratos 46 g** | 15% |
| Fibra dietética   menos de 1 g | 3% |
| Azúcares 44 g | |
| **Proteínas 9 g** | |

| | | | |
|---|---|---|---|
| Vitamina A | 2% | Vitamina C | 4% |
| Calcio | 35% | Hierro | 0% |

\* Los porcentajes diarios recomendados están basados en una dieta de 2000 calorías. Los valores diarios pueden ser más altos o más bajos, dependiendo de tu necesidad de calorías.

Figura 5.2. Etiqueta de información nutricional de un yogur de manzana.

En los Estados Unidos, una persona corriente consume alrededor de 34 kilogramos de azúcares añadidos al año, según los datos de la encuesta de 1999 a 2002. Los datos fueron analizados por investigadores del Human Nutrition Research Center del Community Nutrition Research Group de Beltsville. Eso supone alrededor de 23 cucharaditas de azúcar añadido todos los días, 460 calorías que no aportan nutrientes adicionales y alteran la química del cuerpo. Tengamos en cuenta que la gente normal consume 64,5 kilogramos de azúcar cada año (añadido o no), por lo que la cantidad de azúcares añadidos que ingiere cada persona es, en realidad, más de la mitad de la cantidad total de azúcar consumido.

La mayor parte de este azúcar añadido se destina a los siguientes productos: refrescos normales (con azúcar, no *zero*), dulces, tartas, bebidas de frutas, postres, productos lácteos (helados, yogur y leche condensada) y artículos hechos con cereales (bollos y galletas).

## ¿Cómo se calcula el azúcar añadido?

Parece que no existe un método analítico específico para distinguir entre azúcar añadido y azúcar natural, por lo que los valores de azúcar añadido se calculan usando los azúcares listados como ingredientes de la etiqueta y los valores de los nutrientes para los azúcares y carbohidratos totales en el producto.[20] Éste es el método que utiliza el Gobierno para calcular el azúcar añadido y funciona para la mayoría de los alimentos procesados. Por desgracia, el Gobierno no ha creado ninguna marca de alimentos, pero aun así podemos hacernos una idea de la cantidad de azúcar que se ha añadido a muchos productos.

Hay algo un poco raro en la forma de calcular el azúcar añadido. Por ejemplo, si el producto tiene un edulcorante artificial, éste no se muestra como azúcar añadido. Los alcoholes de azúcar, como manitol, sorbitol y xilitol, tampoco están incluidos en los azúcares añadidos, aunque debieran incluirse en la lista de ingredientes.

Los alcoholes de azúcar son carbohidratos fabricados principalmente a partir de azúcares y almidones. Parte de su estructura química se parece al azúcar y parte se parece al alcohol, aunque no te emborrachen. Debido a que no se absorben completamente, pueden fermentar en los intestinos y causar hinchazón, gases o diarrea.

---

20. Nutrient Data Laboratory, Beltsville Human Nutrition Research Center (BHNRC), Agricultural Research Service (ARS), U.S. Department of Agriculture (USDA). «USDA Database for the Added Sugars Content of Selected Foods». www.nal.usda.gov/fnic/foodcomp/Data/add_sug/addsug01.pdf

El producto principal donde se utilizan los alcoholes de azúcar es en los chicles sin azúcar. Creo que los fabricantes los incorporan a los alimentos porque estos alcoholes no tienen la obligación de aparecer en la etiqueta de información nutricional. Los alcoholes de azúcar tienen aproximadamente la mitad de las calorías que el azúcar. Dado que no son un alimento integral y no tienen valor nutricional, no veo ninguna razón para ingerirlos. Un problema más es que los gráficos gubernamentales miden los valores de los productos en gramos. Para los propósitos del Gobierno, el tamaño de la ración individual que se utiliza para las estadísticas es de 100 gramos de comida, o alrededor de 25 cucharaditas (lo que equivale a ¼ de taza). Tengamos en cuenta que cuando se anuncia que un producto tiene poca grasa, a menudo significa que se ha añadido más azúcar para hacerlo más gustoso.

La Tabla 5.1 enumera algunos ejemplos para demostrar la increíble cantidad de azúcar que se añade a algunos productos. Puedes encontrar muchos más ejemplos en el sitio web del Departamento de Agricultura de EE. UU. (*Véase* Fuentes, página 197).[21]

Hay 2037 productos diferentes en los despachos gubernamentales. Prepárate porque puedes pasar días enteros comprobando estos datos en la web.

---

21. USDA Agricultural Research Service. «USDA Database for the Added Sugars Content of Selected Foods, Release 1». www.ars.usda.gov/Services/docs.htm?doc id=12107

## TABLA 5.1
### VALORES DE AZÚCARES AÑADIDOS EN CIERTOS ALIMENTOS

| Alimento | Hidratos (g) | Azúcar natural (g) | (cucharada) | Azúcar añadido (g) | (cucharada) | Azúcares en total (g) | (cucharada) |
|---|---|---|---|---|---|---|---|
| Galletas, avena, normales* | 69 | 6 | 1½ | 19 | 4¾ | 25 | 6½ |
| Galletas, avena, bajas en grasas* | 79 | 15 | 3¼ | 6 | 1½ | 42 | 10½ |
| Legumbres con cerdo en salsa | 21 | 1 | ¼ | 6 | 1½ | 9 | 2¼ |
| Manteca de cacahuete con azúcar añadido | 20 | 6 | 1½ | 6 | 1½ | 9 | 2¼ |
| Manteca de cacahuete baja en grasas | 36 | 4 | 1 | 6 | 1½ | 8 | 2 |
| Barrita energética, cereales con frutas | 73 | 1 | ¼ | 6 | 1½ | 35 | 8¾ |
| Bollería, mantequilla | 46 | 1 | ¼ | 6 | 1½ | 11 | 2¾ |
| Helados de yogur de sabores, excepto de chocolate | 22 | 5 | 1¼ | 6 | 1½ | 21 | 5¼ |

*Preparados comerciales*

Los azúcares naturales de las frutas, verduras y otros alimentos proporcionan vitaminas y minerales, que son importantes para el organismo. Lo más importante de todo es la fibra que se puede encontrar en los alimentos y no los azúcares añadidos. La fibra hace que los alimentos viajen lentamente a través del sistema digestivo, dándole al organismo la energía que necesita.

Los azúcares añadidos que se encuentran en los carbohidratos refinados se digieren rápidamente y pueden pasar al torrente sanguíneo y alterar la química del organismo rápidamente. Parece que tanto la velocidad del azúcar que ingresa al torrente sanguíneo como la cantidad de azúcar ingerida alteran la química corporal, lo que hace que el cuerpo salga de la homeostasis.

Esta información sobre azúcares añadidos es nueva. Estoy segura de que en el futuro se realizarán cambios en las listas gubernamentales. Aparecerá nueva información, pero por ahora éste es el primer paso para comprender cuánto azúcar añadido hay en muchos productos.

## ¿Bondades del chocolate?

¡Oye! ¿Has oído que el chocolate es bueno para ti? Aparentemente, el grano de cacao, de donde proviene el chocolate, está cargado de antioxidantes llamados flavonoides. Estos antioxidantes reducen el colesterol y el azúcar en sangre y abren los vasos para reducir la presión arterial.

### LA RULETA DE LA FRUCTOSA

Gran parte de la población tiene sobrepeso y pasamos en un santiamén de un poquito de azúcar en sangre a una diabetes tipo 2 en toda regla, con tasas nunca antes vistas. En 2005, tenían diabetes 20,8 millones de personas (el 7 % de la población estadounidense).[22]

Muchos nutricionistas y profesionales de la salud han relacionado esta tendencia con los cambios en la dieta y la disminución de la actividad física. En cuanto al ejercicio, puedes ver con tus propios ojos que la gente activa está más sana que la gente sedentaria. Personalmente no tengo

---

22. National Diabetes Clearing House. «Total Prevalence of Diabetes in the United States, All Ages, 2005». http//diabetes.niddk.nih.gov/dm/pubs/statistics/ index. htm

ninguna intención de levantarte del sofá pistola en mano, pero sí puedo darte información sobre los cambios en la dieta que van de la mano del sedentarismo hasta llevarnos al sobrepeso y la obesidad. En su mayor parte, se puede resumir con una palabra aterradora: fructosa.

Dependiendo del diccionario que utilices, la definición de alimento es cualquier sustancia que los organismos vivos consuman o puedan consumir para sustentar la vida o suministrar energía y nutrientes. No creo que la fructosa suministre nada bueno, pero sí aporta calorías (energía). Por eso la he incluido en este capítulo sobre el azúcar y la comida.

## Todo sobre la fructosa

Por si aún no lo sabes, el azúcar se trajo desde la India a Europa. El gusto europeo por lo dulce alimentó la esclavitud y, después, tanto el azúcar como la esclavitud fueron llevadas a América. Recoger remolacha azucarera y caña de azúcar es un trabajo duro, así que poca gente quería hacerlo. Los esclavos, sin embargo, no tenían otra opción.

El mundo civilizado empezó su adicción a lo dulce con la sacarosa, que deriva de la remolacha y la caña de azúcar. La sacarosa es en realidad una mezcla 50/50 de glucosa y fructosa. La glucosa y la fructosa son azúcares simples que se metabolizan de manera diferente en el cuerpo. Con la glucosa, cuando los niveles de azúcar en sangre aumentan tras una ingesta, el páncreas libera insulina que «absorbe» la glucosa del torrente sanguíneo y la lleva a las células para obtener energía. La fructosa se absorbe de forma diferente. El hígado la metaboliza rápidamente, con complicaciones derivadas de ese esfuerzo como pronto verás.

En la década de 1970, llegó a la ciudad un chico nuevo: el edulcorante de maíz. Las mezclas de azúcar con sirope de maíz (llamada dextrosa, dextrina, fructosa o sirope de maíz con alta concentración en fructosa) pueden agruparse como una clase de productos químicos con efectos similares. Las enzimas convierten el almidón de maíz en fructosa y glucosa, lo que da como resultado mezclas que van desde un 2% hasta un 80% de fructosa. El porcentaje restante es glucosa. Los fabricantes de refrescos suelen utilizar una mezcla de 55% de fructosa.

El sirope de maíz con alto contenido en fructosa y todos sus primos han explotado en el mercado incluso más que la sacarosa porque son más baratos. Estos productos químicos a base de maíz se convirtieron en el nuevo edulcorante milagroso. Algunos médicos dijeron que les parecían bien incluso para los diabéticos porque la fructosa no mete tanto azúcar en la sangre como lo hace la glucosa.[23]

Eso es un disparate. No hace falta saber que la fructosa con base de maíz está presente en todo. Incluso al reemplazar la glucosa administrada por vía intravenosa a los pacientes de hospital, se consideró la alternativa más barata a la sacarosa, provocando que la fructosa con base de maíz apareciera en todas partes. También ayuda a que los alimentos se doren mejor que lo que lo hacen con la sacarosa. Ya he hablado de la reacción de Maillard (oscurecimiento de los alimentos) en la página 80, vinculándola con el cáncer, la diabetes y otras enfermedades.

Todos los azúcares están sujetos a esta reacción, pero la fructosa reacciona siete veces más rápido que la glucosa, lo que resulta en proteínas tóxicas y/o menos funcionales en el organismo.[24]

Los productos derivados de la reacción de Maillard pueden ralentizar el metabolismo de los aminoácidos y otros nutrientes, como el zinc. Eso puede conducir a la aparición de proteínas no digeridas. Las proteínas no digeridas tienen propiedades cancerígenas (causantes de cáncer). Estos productos también se han relacionado con signos de envejecimiento y complicaciones clínicas de la diabetes, como enfermedades oculares e insuficiencia renal.[25]

## Los efectos de la fructosa

Los estudios indican que la fructosa aumenta el colesterol y las lipoproteínas de baja densidad (LDL) en el torrente sanguíneo y en la mayoría de los sujetos, independientemente de si las personas han sido clasificadas como personas con más o menos tolerancia a la glucosa en sangre.[26]

23. Hallfrisch, J. «Metabolic Effects of Dietary Fructose». *FASEB J.* Junio 1990, 4, 2652-2660.

24. Bunn, H.F. y Higgins, P.J. «Reaction of Monosaccharides with Proteins, Possible Evolutionary Significance». *Science.* 1981, 213, 2222-2244.

25. Dills, W.L. «Protein Fructosylation, Fructose and the Maillard Reaction». *Am J Clin Nutr.* 1993, 58(supl.), 779S-787S.

26. Hallfrisch, J., *et al.* «The Effects of Fructose on Blood Lipid Levels». *Am J Clin Nutr.* 1983, 37(3), 740-748.

Es una creencia universal que los niveles elevados de colesterol y LDL provocan enfermedades cardíacas. Incluso las lipoproteínas de muy baja densidad (VLDL) aumentan en presencia de azúcar, lo que puede conducir a resultados similares. Esto ocurre sin un cambio aparente en las lipoproteínas de alta densidad. (HDL).[27]

La mayoría de los médicos creen que en una persona sana, los niveles de VLDL y LDL deben ser bajos y los niveles de HDL deben ser lo más altos que sea posible.

Continuando con los indicadores de enfermedades cardíacas, también se ha demostrado que la fructosa aumenta significativamente los niveles de triglicéridos en el torrente sanguíneo. Los triglicéridos son la forma en la que la mayor parte de la grasa se almacena en el cuerpo. El hombre primitivo comía fructosa al natural, o sea, fruta, pero actualmente comemos y bebemos mucha más fructosa y no sólo de la fruta, sino también de los refrescos, dulces, postres… Y como el hígado no puede manejar estas grandes cantidades de fructosa, convierte toda la que le sobra en triglicéridos.

En un estudio con hombres adultos, jóvenes, mujeres adultas y mujeres en la menopausia, se les dieron dietas sin grasas que contenían calcio y sustancias con un 40% de fructosa y un 60% de almidón o un 40% de glucosa y un 60% de almidón. Según dicho estudio, los hombres son susceptibles a la reacción de los triglicéridos a la fructosa, mostrando un aumento del 32% en sus triglicéridos tras ingerir fructosa. Las mujeres jóvenes de los estudios no se vieron afectadas. Pero las mujeres menopáusicas también tuvieron un aumento significativo de sus triglicéridos. Los resultados de otro estudio paralelo, en ratas, mostraron aumentos similares en los triglicéridos en ambos sexos.[28]

Volviendo a la absorción de fructosa (o la falta de ella), la que el organismo no convierte en glucosa o grasa se ha relacionado con bastantes trastornos. Un estudio de veinticinco personas que tenían enfermedad intestinal funcional o síndrome del intestino irritable (SII) de

27. Hollenbeck, C.B. «Dietary Fructose Effects on Lipoprotein Metabolism and Risk for Coronary Artery Disease». *Am J Clin Nutr.* 1993, 58(supl.), 800S-807S.
28. Bantle, J.P. «Effects of Dietary Fructose on Plasma Lipids in Healthy Subjects». *Am J Clin Nutr.* Nov. 2000, 72, 1128-1134.

mostró que incluso pequeñas cantidades de una mala absorción causan problemas.[29]

En un estudio más completo, el 50% de las mujeres que fueron clasificadas como incapaces de absorber bien la fructosa, desarrollaron síntomas de SII tras ingerir fructosa. El SII es un trastorno de los intestinos que provoca calambres, flatulencia, hinchazón y cambios en los hábitos intestinales que van desde la diarrea hasta el estreñimiento. El estudio también evaluó el síndrome premenstrual y la depresión, y también encontró aumentos en estas afecciones.[30]

Muchas personas muestran niveles altos de triglicéridos en sus resultados de análisis de sangre y presentan un recuento alto de ácido úrico. El ácido úrico es un producto de las purinas que forman parte de todos los tejidos humanos y se encuentran en muchos alimentos como ternera, cordero, cerdo y levadura. El ácido úrico aumenta mucho en solución con un edulcorante de alto contenido en fructosa. Las comparaciones con la sacarosa no mostraron un recuento elevado de ácido úrico. El ácido úrico se considera ampliamente como un indicador tanto de gota (depósitos de ácido úrico en las articulaciones) como de enfermedades cardíacas.[31]

Otro ácido que parece aumentar con la fructosa, a diferencia de la sacarosa, es el ácido láctico. Éste se forma por fermentación del azúcar. Las personas con condiciones acidóticas preexistentes, tal como la diabetes o la uremia postoperatoria (acumulación de productos de desecho en la sangre debido a la incapacidad del riñón para excretarlos), son más vulnerables a la acumulación de ácido láctico. Las concentraciones muy altas de ácido láctico provocan acidosis metabólica (ácido elevado en la sangre), que puede provocar la muerte.[32]

29. Rumessen, J.J. y Gudmand-Hoyer, E. «Functional Bowel Disease, Malabsorption and Abdominal Distress After Ingestion of Fructose, Sorbitol, and Fructose-Sorbitol Mixtures». *Gastroenterol.* Sep. 1988, 95(3), 694-700.

30. Ledochowski, M., *et al.* «Fructose Malabsorption is Associated with Early Signs of Mental Depression». *Eur J Med Res.* Junio 17, 1998, 3(6), 295-298.

31. Macdonald, J., *et al.* «Some Effects, in Man, of Varying the Load of Glucose, Sucrose, Fructose, or Sorbitol on Various Metabolites in Blood». *Am J Clin Nutr.* Aug 1978, 31, 1305-1311.

32. Hallfrisch, J., *et al.* «The Effects of Fructose on Blood Lipid Levels». *Am J Clin Nutr.* 1983, 37(3), 740-748.

La ingestión de demasiada fructosa también puede provocar diarrea.[33] Cuando comemos demasiado azúcar, el páncreas manda insulina y luego la envía al hígado para que sea metabolizada en ácidos grasos. El azúcar que no se puede metabolizar de esta manera se excreta en la orina y las heces. La fructosa se convierte en grasa en el hígado mucho más rápido que la sacarosa o la glucosa porque el organismo no la descompone fácilmente en glucosa.[34] Esto sugiere por qué la obesidad está aumentando tanto en nuestra sociedad. La fructosa también hace que los receptores de insulina pierdan sensibilidad dando como resultado que se bombee más insulina para metabolizar la glucosa.

Ambas, fructosa y sacarosa, se han relacionado con las arrugas que salen a medida que se degrada el metabolismo celular y se produce un daño por oxidación del colágeno de la piel. En estudios con ratas, la fructosa elevó estos marcadores a un grado más alto que la sacarosa. La investigación fue tan lejos como para decir que el daño similar causado por la sacarosa fue provocado por la fructosa natural que contiene, en lugar de por la sacarosa misma.[35]

Al relacionar la fructosa con la homeostasis, la primera parece tener un efecto preciso en muchas enzimas y hormonas, y en las relaciones entre los minerales que gobiernan las reacciones entre ellas. En diferentes investigaciones, las relaciones entre los minerales de los sujetos estudiados parecían estar alteradas. Un estudio en ratas encontró que la fructosa superaba con creces a la glucosa pura en la aparición de un exceso de calcio en el riñón, mientras aumentaba los niveles de fósforo y magnesio en la orina. El pH de la orina era también más ácido con fructosa que con glucosa.[36]

33. Bender, A.E. and Damji, K.B. «Some Effects of Dietary Sucrose». *World Review of Nutrition and Dietetics.* 1972, 15, 104-155.
34. Zakim, D. y Herman, R.H. «Fructose Metabolism II». *Am J Clin Nutr.* 1968, 21, 315-319.
35. Hunter, B.T. «Confusing Consumers About Sugar Intake». *Consumer's Research.* Enero 1995, 78(1), 14-17.
36. McDonald, R.B. «Influence of Dietary Sucrose on Biological Aging». *Am J Clin Nutr.* 1995, 62 (supl.), 284S-293S.

Un estudio realizado en humanos ha demostrado excreciones elevadas de otros minerales, como hierro y magnesio, junto con los revelados en el estudio de ratas.[37]

He sostenido que estas relaciones minerales son el núcleo de una salud adecuada. Si el azúcar elimina la química del organismo, las hormonas no funcionarán correctamente y provocarán una enfermedad.

La fructosa también hace que el cobre se metabolice mal. Las deficiencias de cobre se han relacionado con huesos frágiles, anemia, defectos en los tejidos conectivos, infertilidad, arritmias cardíacas, colesterol alto y niveles elevados de azúcar en la sangre.[38, 39]

Por otra parte, la mayor parte del maíz en los Estados Unidos (de donde proviene el edulcorante de maíz) ha sido genéticamente modificado (GM). La modificación genética implica que ciertos genes son reorganizados o reemplazados en el producto mediante ingeniería genética. Si al maíz se le han añadido, reordenado o reemplazado sus genes, su configuración química cambia. Nosotros hemos evolucionado a partir del hombre primitivo, que tenía enzimas digestivas para ayudar a metabolizar los alimentos con determinadas configuraciones químicas. Si cambiamos la configuración química de los alimentos que ingerimos, por ser transgénicos o por haberlos procesado, nuestras enzimas no serán las correctas. Este libro no trata sobre alimentos transgénicos, pero dado que casi todo el maíz ha sido modificado genéticamente, parece prudente comer la menor cantidad posible de edulcorante de maíz porque con él recibimos un doble golpe: el sirope de maíz y los transgénicos. Ambos procesos —convertir el maíz en edulcorante y modificar genéticamente el maíz— hacen que el edulcorante sea difícil de digerir y metabolizar.

37. Bergstra, A.E., *et al.* «Dietary Fructose vs. Glucose Stimulates Nepphrocalcinogensis in Female Rats». *J Nutr.* Julio 1993, 123(7), 1320-1327.

38. Ivaturi, R. y Kies, C. «Mineral Balances in Humans as Affected by Fructose, High Fructose Corn Syrup and Sucrose». *Plant Foods for Human Nutrition.* 1992, 42(2), 143-151.

39. Teff, K.L., *et al.* «Dietary Fructose Reduces Circulating Insulin and Leptin, Attenuates Postprandial Suppression of Ghrelin, and Increases Triglycerides in Women». *J Clin Endocrin Metab.* Junio 4, 2004, 89(6), 2963-2972.

Finalmente, la fructosa estimula la sobrealimentación y la obesidad. Comer glucosa libera insulina y la hormona leptina, que avisan al cuerpo para que deje de comer. Sin embargo, la fructosa libera la hormona grelina, que avisa al cuerpo para que coma porque tiene hambre.[40]

Entre el aumento de la producción de grasa en el hígado y la estimulación de la grelina para seguir comiendo, no es de extrañar que estemos acumulando kilos aunque lo queramos impedir. La fructosa es uno de los principales culpables del círculo vicioso de comer mal, sentirse mal y necesitar seguir comiendo, no porque lo necesitemos sino porque somos adictos.

## ¿Qué pasa después?

Si renuncias a la fructosa añadida en la dieta, también tendrás que renunciar a la glucosa. La mayoría del azúcar añadido tiene fructosa y glucosa, como azúcar de remolacha, azúcar de caña, sirope de maíz con alto contenido en fructosa, miel y otros. Lo que pasa es que la molécula de fructosa es un problema mayor que la molécula de glucosa. Los planes de alimentación al final de este libro (*véase* la página 157) están diseñados para ayudarte a llevar un estilo de vida sin azúcar.

Así que deja de beber refrescos. Reemplaza los postres por frutas enteras. Es posible que tengas que aguantar el sirope de maíz con alto contenido en fructosa en la salsa de tomate (incluso las salsa de tomate «totalmente naturales» que hay en las tiendas naturistas), pero la cantidad de fructosa en un poco de salsa de tomate no es nada en comparación con la ingesta de refrescos por persona.

Con las afirmaciones y citas enumeradas aquí, tal vez tus ojos se hayan abierto a los peligros de la ingestión excesiva de fructosa. La gente con problemas médicos son aún más sensibles a la fructosa pero, muy pronto, incluso las personas sanas podrían tener problemas.

---

40. Fields, M. «The Severity of Copper Deficiency in Rats is Determined by the Type of Dietary Carbohydrate». *Proceedings of the Society of Experimental Biology and Medicine.* 1984, 175, 530-537.

Sabemos esto porque investigadores asociados a la Escuela de Medicina de Harvard fueron a una zona aislada de Panamá, las islas San Blas, donde viven los indios kuma. Investigaron a los nativos, que tomaban una bebida de cacao a base de chocolate crudo, pero eso lo comentaremos un poco más tarde.[41]

Por cierto, la empresa chocolatera Mars Inc. pagó por esta investigación sobre la aislada tribu indígena. Una pequeña campaña publicitaria de Mars y, de repente, el público cree ciegamente que el chocolate negro es lo más sano del mundo. Sin embargo, lo que Mars olvidó mencionar es que el chocolate negro disponible comercialmente tiene toneladas de azúcar. En mis días como adicta al azúcar y al chocolate, no fui suficientemente valiente como para consumir cacao sin azúcar, sin grasa y sin nada. Me han dicho, no obstante, que es muy amargo.

## ¿El chocolate es realmente *bueno*?

Seré la primera en admitir que en el caso del chocolate sin azúcar, las cualidades antioxidantes normalmente superan los riesgos de los otros ingredientes. Sin embargo, ése no es el caso del chocolate procesado. El mayor problema del chocolate es y siempre ha sido el azúcar, por eso he incluido una sección sobre el chocolate en un libro sobre el azúcar.

Otro problema con el chocolate es que el acto de procesar los granos de cacao (molerlos y lavarlos, etc.) puede reducir los beneficios antioxidantes en el producto final que se vende al público. Además, muchas mezclas de chocolate están alcalinizadas, lo que reduce su acidez y eleva el pH.[42] Este tipo de chocolate es más oscuro, de sabor más suave y menos ácido que el cacao no alcalinizado.

---

41. Bayard, V., *et al.* «Does Flavanol Intake Influence Mortality from Nitric Oxide Dependent Processes? Ischemic Heart Disease, Stroke, Diabetes Mellitus and Cancer in Panama». *Int J Med Sci.* 2007, 4, 53-58.

42. Gu, L., *et al.* «Procyanidin and Catechin Contents and Antioxidant Capacity of Cocoa and Chocolate Products». *J Agric Food Chem.* Mayo 31, 2006, 54(11), 4057-4061.

A veces, es el contenido de grasa de la mezcla de chocolate lo que reduce los efectos saludables del chocolate. En el chocolate con leche, el cacao está extremadamente fundido con el azúcar y, por lo tanto, tiene menos antioxidantes que todos los demás tipos de chocolate (negro, sin azúcar, chocolate para hornear, etc.).

## La receta original

Como ya he dicho, las cualidades antioxidantes del chocolate se descubrieron por primera vez cuando Mars pagó a investigadores para que estudiaran el uso del cacao por parte de la antigua tribu indígena kuma. Los investigadores descubrieron que los nativos tomaban una bebida a base de cacao crudo y hierbas amargas. Se descubrió que los granos de cacao estaban cargados de antioxidantes. Con una dieta de comida autóctona y sin azúcar, la gente estaba totalmente sana.

Los siguientes hechos están en los registros de la Expedición de Cortés a México para conquistar a los aztecas. Montezuma, el emperador azteca, sirvió chocolate sin endulzar, mezclado con pimientos jalapeños y posiblemente vainilla, hierbas y otras especias, a las tropas españolas mientras decidían si atacar, largarse o rendirse. Montezuma perdió la batalla. Tras derrotar a los aztecas, Cortés llevó muestras de cacao a España.[43]

España descubrió el chocolate en primer lugar, pero Gran Bretaña tenía el azúcar. La historia no nos dice quién sugirió que el cacao necesitaba un edulcorante, pero sí sabemos que se tomó la decisión de mezclarlos.

El chocolate nunca volvió a ser el mismo después de añadirse sacarosa. La miel, la fructosa o el sirope de maíz habrían conseguido el mismo efecto con el chocolate. Un estudio que excluyó específicamente al chocolate sin azúcar demostró que no importaba con qué se endulzara: el nivel de triglicéridos en la sangre de la persona que lo ingería aumentaba. Los triglicéridos son una forma de grasa producida en

---

43. The History of Chocolate. «Chocolate Necessities». www.chocolatenecessities.com/history_of_chocolate.php

el hígado. Cuanto más azúcar consume la gente, más altos son los triglicéridos.[44]

## ¿Una trampa publicitaria?

Un ejemplo de cómo el azúcar hace que el chocolate sea un alimento ho-
rrible es el de la línea CocoaVia de Mars, publicitada como productos de
chocolate «sanos». Los diversos productos de CocoaVia, recién impulsa-
dos por la investigación sobre flavonoides, se promocionan por tener muchos antioxidantes ideales para la salud del corazón. Originalmente, la línea sólo estaba disponible en Internet, pero se distribuyó en las tiendas
minoristas en septiembre de 2005. Se enumeran en la etiqueta de información nutricional vitaminas diversas y todas oscilan entre el 10 % y el
25 % de la cantidad diaria recomendada (CDR). ¡Caray! Así que, además
de los flavonoides, hay hasta un 25 % de vitamina C o B12 ¿no? ¡Pues no!
Cada tipo de barra de chocolate CocoaVia (porque hay siete tipos diferentes) pesa aproximadamente 22 gramos.[45] En principio, 22 gramos de chocolate no es tanto. Es como comerse caramelitos. La barra de chocolate
promedio que puedes comprar en el supermercado es de aproximadamente 40 gramos. Una barra de chocolate de medio kilogramo se considera un
tentempié. Sin embargo, cada barra de CocoaVia tiene entre 6 y 12 gramos (entre 1½ y 3 cucharaditas) de azúcar añadido. Eso es mucho azúcar
para una barrita de chocolate pequeña y «saludable».

La que lleva más azúcar es la barra de chocolate con leche CocoaVia,
con 12 gramos (3 cucharaditas) de azúcar, que parece anular el propósito
mismo del chocolate «sano». En el extremo opuesto del espectro se encuentra la barra de chocolate negro CocoaVia, con la mitad de la cantidad
de azúcar que la barra de chocolate con leche.

44. Gee, J.M., *et al.* «Effects of Conventional Sucrose-Based, Fructose-Based and
    Isomalt-Based Chocolates on Postprandial Metabolism in Non-Insulin Depen-
    dent Diabetics». *Eur J Clin Nutr.* Nov. 1991, 45 (11), 561-566.
45. Mars, Incorporated. «CocoaVia Snacks Nutrition Facts». www.cocoavia.com/
    products/nutrition_facts.aspx

## CocoaVia™ Rich Chocolate Indulgence Beverage Nutrition Facts

| Nutrition Facts | Amount/Serving | %DV* | Amount/Serving | %DV* |
|---|---|---|---|---|
| Serv. Size 1 bottle (5.65 oz.) | Total Fat 3g | 5% | Total Carb. 28g | 9% |
| | Sat. Fat 1g | 5% | Fiber 3g | 12% |
| | Trans Fat 0g | | Sugars 24g | |
| Calories 150 Fat Cal. 25 | Cholest. 5mg | 2% | Protein 6g | |
| | Sodium 135mg | 6% | | |

*Percent Daily Values (DV) are based on a 2,000 calorie diet.

Vitamin A 10% • Vitamin C 10% • Calcium 20% • Iron 6%
Vitamin D 25% • Vitamin E 15% • Vitamin B6 15%
Folic Acid 10% • Vitamin B12 10%

MILK, WATER, SUGAR, COCOA POWDER, LESS THAN 2% - COCOA POWDER PROCESSED WITH ALKALI, SOY STEROL ESTERS, VITAMINS AND MINERALS [CALCIUM (CALCIUM CHELATE), VITAMIN C (SODIUM ASCORBATE), VITAMIN E (VITAMIN E ACETATE), VITAMIN A (VITAMIN A PALMITATE), VITAMIN D3, VITAMIN B6 (PYRIDOXINE HCL), FOLIC ACID, VITAMIN B12 (CYANOCOBALAMIN)], SOY LECITHIN, POTASSIUM PHOSPHATES, SODIUM POLYPHOSPHATE, CARRAGEENAN, CELLULOSE GEL, CELLULOSE GUM, NATURAL FLAVORS, SALT.

Figura 5.3. Etiqueta nutricional de Cocoavia.

La línea CocoaVia también tiene una bebida, CocoaVia Rich Chocolate Indulgence Beverage. Cada botella pesa 160 gramos, de los cuales 24 gramos (6 cucharaditas) son de azúcar (*véase* la Figura 5.3).

Media lata de Coca-Cola (170 g) contiene 20 gramos (5 cucharaditas) de azúcar. Hemos dicho que los indios kuma beben de 3 a 4 tazas diarias de su bebida de cacao para disfrutar de los beneficios antioxidantes. Para obtener la misma cantidad de antioxidantes de CocoaVia, una persona tendría que beber aproximadamente cinco botellas y media de CocoaVia Rich Chocolate Indulgence al día. Eso equivaldría a 132 gramos de azúcar (33 cucharaditas) diarias, o alrededor de tres latas de Coca-Cola de 350 ml.

## Incluso sin azúcar, el chocolate tiene sus aspectos negativos

Hay razones (además del azúcar) para no comer chocolate, sin importar lo que digan las compañías chocolateras. Una de las principales es la cafeína. La cafeína es una de las muchas sustancias que hacen que el páncreas libere insulina, una hormona que afecta al metabolismo de la glucosa. Si mantienes los niveles de insulina en homeostasis, es menos probable que tengas

101

problemas con la insulina. Tu organismo estará más feliz y saludable. Sin embargo, consumir mucha cafeína hace que el páncreas libere demasiada insulina. Cuando esto sucede, el páncreas trabaja en exceso y un páncreas extenuado es una forma segura de acabar desarrollando una diabetes.

La cafeína también es un diurético y la gente va al baño con mayor facilidad y frecuencia. Esto puede llevar a la deshidratación, porque cantidades adicionales de agua se filtran fuera del cuerpo entre el exceso de orina y la defecación. Otros efectos de la cafeína incluyen falta de sueño, abortos espontáneos, dolores de cabeza, nervios y fatiga. El Center for Science in the Public Interest enumera la cafeína en su sitio web como algo que se debe reducir a niveles mínimos.[46] El chocolate semidulce, que es chocolate negro con poco azúcar, tiene 0,02 gramos de cafeína por cada onza (28 gramos). Parece que no es tan malo hasta que te das cuenta de que muy pocas personas comen solamente una onza y paran de comer chocolate. Cada persona es diferente y la misma cantidad de cafeína puede afectar a la gente de diferentes maneras. Como dije en el Capítulo 3 (página 41), un cambio muy pequeño en la composición química o mineral puede tener resultados muy notables. Por lo tanto, una pequeña cantidad de cafeína en el chocolate (combinada con el hecho de que casi nadie come sólo una onza de chocolate) puede afectarnos de manera negativa.

El chocolate también tiene niveles significativos de anandamida, que es una sustancia química natural que imita al tetrahidrocannabol (THC), más conocido como marihuana. Claro que resulta imposible drogarse con el chocolate, ya que una persona de 60 kilos necesitaría comer casi 12 kilogramos de chocolate de golpe para sentir los efectos de un porro. Sin embargo, los fumadores de marihuana son conscientes de algo llamado «arrebatos de hambre», que es cuando el fumador de marihuana siente la imperiosa necesidad de comer todo tipo de alimentos, azucarados, grasos o salados, sin tener en cuenta las consecuencias. La anandamida del chocolate puede causar un efecto similar, que se ha relacionado con la bulimia.[47] Ésta se caracte-

46. Center for Science in the Public Interest. «Food Additives». http//cspinet.org/reports/chemcuisine.htm

47. Tomaso, E., et al. «Brain Cannabinoids in Chocolate». Nature. 1996, 382, 677-678.

riza por atracones de comida con preferencia por alimentos con alto contenido en grasa y azúcar, como el chocolate, los pasteles y el helado. Por desgracia, la persona bulímica hace mucho más que comer o darse atracones, porque luego siente la necesidad de purgarse, lo que significa vomitar. El chocolate también contiene feniletilamina. El cuerpo produce y libera esta sustancia química cuando estamos enamorados. Eso puede explicar parte de la adicción al chocolate y por qué el chocolate está tan asociado con el tema romántico. Una de las razones por las que a tantas mujeres les encanta el chocolate es porque eleva realmente el estado de ánimo. Sin embargo, la feniletilamina puede causar aumentos en la frecuencia cardíaca y migrañas cuando se intenta dejar el chocolate.

Todo son problemas con el chocolate. Por ejemplo, es un alimento altamente alergénico. La razón es que lo comemos con tanto azúcar que nos volvemos alérgicos a él. Como ya sabes, el azúcar altera la química del organismo y cualquier alimento que esté en el tracto digestivo en el momento del consumo de azúcar no se digiere bien, lo que resulta en alimentos parcialmente digeridos. Éstos entran después al torrente sanguíneo y pueden causar una reacción alérgica.

## Irritabilidad y menor densidad ósea

El *American Journal of Perinatology* presenta el caso de una madre que comió mucho chocolate durante su embarazo y durante la lactancia de su bebé. El bebé lloraba a todas horas y estaba irritable, nervioso y excitado. La madre dejó de comer chocolate y el comportamiento del bebé mejoró.[48] Los investigadores creían que era la cafeína del chocolate lo que causaba el comportamiento del niño, pero yo no estoy tan segura. Podría haber sido el chocolate mismo, ya que cada persona reacciona de manera diferente a alimentos diversos.

En enero de 2008, un estudio de la Facultad de Medicina y Farmacología de la Universidad de Australia Occidental se centró en si los flavonoides del chocolate ayudarían a mejorar la absorción de calcio en los

---

48. Cambria, S., *et al.* «Hyperexcitability Syndrome in a Newborn Infant of Chocoholic Mother». *Am J Perinatol.* Oct. 2006, 23(7), 421-422.

huesos. El investigador esperaba que así fuera. El estudio se centró en mujeres de entre 70 y 85 años. Los resultados no fueron los que esperaba el investigador. Demostraron que cuanto más chocolate o cacao consumían las mujeres, más baja era su densidad ósea medida por rayos X.[49]

Los investigadores no han podido averiguar por qué. Es como si no tuvieran ni idea de que el azúcar del chocolate arranca el calcio de los huesos, alterando la química corporal y haciendo que los consumidores de chocolate acaben siendo alérgicos al chocolate. Los flavonoides y otros antioxidantes similares se pueden encontrar fácilmente en otros alimentos, aunque sean más frecuentes en el chocolate. Si quieres una fuente alternativa de antioxidantes, puedes consumir cantidades moderadas de cebolla, vino tinto, té, manzanas o frambuesas. Los flavonoides también vienen en forma de cápsulas, que no contienen azúcar, grasa ni ninguna otra cosa de las que lleva el chocolate y que son tan nocivas.

Mira, si te pasas con el chocolate aumentarás tus posibilidades de morir antes de tiempo. A menos, por supuesto, que encuentres chocolate crudo, lo mezcles con jalapeños y bebas lo mismo que Montezuma. La receta original de la bebida a base de chocolate sirve como muestra de carácter: a ver quién es capaz de beber el chocolate azteca. ¡Vamos, bebe! ¡Es sólo chocolate! No, no… bebe tú primero. Todo un desafío.

Sin embargo, si eres como yo y pasas de experimentos, no comerás chocolate, porque la opción procesada con todo ese azúcar añadido hace que el chocolate de la tienda sea una mala opción para el organismo.

## Conclusión

Espero que este capítulo te haya ayudado a darte cuenta de que el exceso de azúcar altera la química del organismo y lleva a una serie de enfermedades sobre las que leerás en el próximo capítulo. Los alimentos naturales, sin procesar y sin azúcar añadido son los mejores. Comamos siempre alimentos «ricos, ricos» para el organismo

---

49. Hodgson, J.M., *et al.* «Chocolate Consumption and Bone Density in Older Women». *Am J Clin Nutr.* Enero 2008, 87(1), 175-180.

# 6

# ENFERMEDADES Y DOLENCIAS RELACIONADAS CON EL AZÚCAR

Hay muchas enfermedades y afecciones relacionadas con la ingesta de azúcar, y éste no sólo las causa, sino que continúa la progresión de nuevas dolencias. En este capítulo, he enfatizado las enfermedades más frecuentes en nuestra sociedad. La mayoría de la gente no relaciona estas dolencias con el azúcar. Por ejemplo, la comunidad médica relaciona la obesidad con comer en exceso, particularmente grasas. Sí, eso es cierto, pero ¿qué provoca comer en exceso? Justamente el azúcar.

Aprenderás que comer demasiado azúcar a veces puede provocar hipoglucemia (bajo nivel de azúcar en sangre) y que, contrariamente a lo que puedas creer, comer más azúcar no te ayudará a estabilizar el nivel de azúcar en sangre. La información sobre las enfermedades y los problemas que el azúcar puede causar en los niños te ayudará a impedir la adicción al azúcar en las primeras etapas de la vida de tus hijos.

A veces, la comunidad médica llama a una enfermedad «síndrome», que consiste en muchos síntomas y varias dolencias juntas. Ya he hablado del síndrome metabólico. Algunos de los síntomas y enfermedades relacionados con este síndrome incluyen triglicéridos elevados, colesterol elevado, niveles altos de glucosa en sangre en ayunas, presión arterial alta, lipoproteínas de baja densidad elevadas y niveles altos de insulina. En este caso, me refiero a más de una enfermedad. Te sorprenderán otras enfermedades que muestran su íntima relación con el azúcar, como la demencia y el cáncer.

He visto los efectos negativos del azúcar en todo el mundo y aquí estoy dando un breve apunte sobre mis hallazgos. La dieta occidental está dejando su huella muy profundamente.

Por último, el azúcar también puede provocar convulsiones recurrentes, una enfermedad conocida como epilepsia.

Por supuesto, las dolencias y enfermedades no mencionadas no son inmunes a los efectos nocivos del azúcar para la salud. Incluir todas las enfermedades afectadas por el azúcar ocuparía demasiado espacio, por lo que he decidido centrarme en algunas de las principales. Si quieres ver una lista mucho más detallada de por qué el azúcar está dañando la salud de la gente, consulta el Capítulo 2 (página 25). Ten cuidado con lo que comes; como verás, las enfermedades resultantes de los excesos no merecen la satisfacción temporal que se obtiene de esa comida o refrigerio azucarado.

## Obesidad: lo que engorda al mundo

Estoy segura de que has escuchado que la obesidad está aumentando en todo Occidente. Pero ¿hasta qué punto son gordos por ejemplo los estadounidenses? En 2002, los investigadores informaron sobre las estadísticas de IMC promedio para hombres y mujeres. Vamos a recordar que el IMC de una persona es una forma de medir su grasa corporal basándose en la altura y el peso. (Para saber cómo calcular el IMC, *véase* la página 69). De acuerdo con las pautas de IMC, un IMC que varía entre 25 y 29,9 indica que una persona tiene sobrepeso. Un IMC de 30 o más se considera obeso. El estudio mostró que las mujeres tenían un IMC promedio de 27,8, mientras que los hombres iban por delante con un 28,2.[1]

Claramente, los estadounidenses están jugando peligrosamente con la obesidad. El Instituto Nacional del Corazón, Pulmones y Sangre (NHLBI) utilizó estadísticas gubernamentales de altura y peso para determinar que tanto hombres como mujeres han aumentado una media de 4,5 kg entre 1998 y 2002.

1. Flegal, K.M., *et al.* «Prevalence and Trends in Obesity Among US Adults, 1999-2002». *JAMA*. 2002, 288, 1723-1727.

Otra forma de ver el problema es medir la circunferencia de la cintura. Se ha determinado que los tamaños saludables son menos de 84 cm para una mujer y menos de 96 cm para un hombre. Un estudio realizado en 2002 demostró que la mujer promedio tenía una circunferencia de cintura de 93 cm, mientras que los hombres lucían 1 metro.

En esos tamaños, tanto las mujeres como los hombres caen en el ámbito de un problema grave. Tenemos cierto margen de maniobra con el IMC, pero según la circunferencia, la mujer y el hombre promedio en Estados Unidos son directamente obesos.[2]

## ¿Qué causa la obesidad?

Seguimos aumentando de peso debido a efectos relacionados con el estilo de vida sedentario. Tenemos máquinas que nos hacen el trabajo que antes solíamos hacer nosotros mismos, ya sea caminar o lavar la ropa. El nivel de ejercicio natural ha disminuido. Ni mi equipo ni yo somos «luditas» como aquellos obreros del siglo xix que odiaban las máquinas y las destruían. Este libro se ha escrito con varios MacBooks de Apple. Dicho esto, nuestra jornada laboral implica, para la mayoría de nosotros, sentarse y procesar información a través de pantallas de ordenador. Luego, muchos de nosotros vamos a casa para sentarnos frente al televisor y entretenernos mientras nos relajamos en el sofá. Esto crea un ciclo interesante en el que las personas tienden a comer en exceso alimentos fáciles de preparar y apetecibles; cuando estamos viendo una película, no queremos perdernos durante los anuncios la pista que ayudará a resolver el misterio, o el giro al final de nuestro programa favorito. La mayoría de los alimentos que se comen mientras se ve la televisión se endulzan artificialmente y son fáciles de sacar de un envoltorio, porque hasta la ensalada viene ya cortada y lavada, lista para poner en el plato.

No es sólo un estilo de vida inactivo lo que conduce a la obesidad. Hay tres hormonas –leptina, grelina e insulina– que se ocupan de la sa-

---

2. Shankuan, Z., *et al.* «Waist Circumference and Obesity associated Risk Factors among Whites in the Third National Health and Nutrition Examination Survey, Clinical Action Thresholds». *Am J Clin Nutr.* Oct. 2002, 76(4), 743.

ciedad, el hambre y el metabolismo del azúcar. Ellas explican por qué engordamos cuando comemos sin pensar delante de la tele (o en el escritorio, o en cualquier lugar). La leptina le dice al cuerpo que ya está lleno. La grelina le dice al cuerpo que tiene hambre. La insulina metaboliza la mayoría de los azúcares. La leptina y la grelina juegan directamente una frente a la otra.

La insulina elimina el exceso de glucosa en sangre del torrente sanguíneo llevándola a las células que necesitan energía. Sin embargo, un ambiente alto en azúcar, combinado con poco o nulo ejercicio físico, significa que mucha de la glucosa que va por la sangre se convertirá en grasa cuando llegue a las células. La liberación de insulina es el mecanismo principal para decirle al cuerpo que produzca menos grelina para que se sienta lleno. En la superficie, parece que una respuesta simple sería hacer más ejercicio. Sin embargo, hay personas que hacen mucho deporte, que se matan en el gimnasio y aun así no adelgazan significativamente, y sólo consiguen tener más hambre aún.

## La dieta y el ejercicio no siempre son el remedio perfecto

No todos los edulcorantes y azúcares responden al ciclo de la insulina. Por ejemplo, la fructosa no usa insulina para metabolizarse. Se metaboliza en el hígado. Por lo tanto, no se libera insulina cuando comemos fructosa, por lo que los niveles de grelina permanecen constantes y el cuerpo sigue sintiendo hambre.[3] Según la Oficina del Censo de EE. UU., el consumo de sirope de maíz con alto contenido en fructosa aumentó de 8,5 kg por persona y año en 1980 a 29 kg por persona y año en 2000.[4] Dado que la fructosa hace que la gente siga sintiendo hambre incluso después de comer fruta, es probable que sigan comiendo otros alimentos hasta saciar-

3. Tannous, *et al.* «Variations in Postprandial Ghrelin Status Following Ingestion of High-Carbohydrate, High-Fat and High-Protein Meals in Males». *Ann Nutr Metab.* Feb. 2006, 50(3), 260-269.
4. U.S. Census Bureau. «Statisical Abstract of the United States, 2002, Table 195». www.census.gov/prod/2003pubs/02statab/health.pdf

se y, de ese modo, aparece la obesidad.[5, 6] (Para más información sobre la fructosa, consulta La ruleta de la fructosa en la página 90).

Desafortunadamente, muchos profesionales de la salud asumen que motivar a sus pacientes a hacer dieta y ejercicio es todo lo que necesitan para hacer que los pacientes bajen de peso y queden delgados. Están trabajando bajo años de desinformación, posiblemente creada por el Dios Azúcar, que dice que el azúcar es sólo un problema para los dentistas. Siempre me he preguntado por qué la gente no plantea que si el azúcar es capaz de hacer agujeros en los tejidos más duros del cuerpo (los dientes) ¡qué no hará a los tejidos blandos!

Parte del problema es que las personas obesas no informan sinceramente sobre su ingesta de alimentos y azúcar. Durante muchos años, basándose en el informe verbal de los propios pacientes sobre su consumo de azúcar, los investigadores concluían que el azúcar no es un factor de obesidad. Más tarde descubrieron que la excreción urinaria de azúcar en los análisis de orina puede servir como un marcador independiente del consumo de azúcar. Para probarlo, los investigadores hacen que los sujetos de prueba envíen toda su orina recolectada durante un período de veinticuatro horas. Descubrieron que cuando las personas obesas tenían una alta secreción urinaria de azúcar, no se correspondía con la ingesta de azúcar que informaban haber comido. En personas de peso normal, los hallazgos fueron similares. Los investigadores entienden ahora que el azúcar juega un papel muy importante en la obesidad.[7] Este concepto refuerza el viejo adagio de Alcohólicos Anónimos: ¿Cómo se puede saber cuándo un adicto está mintiendo? ¡Cuando abre la boca!

Los médicos estarán de acuerdo en que el azúcar y otros edulcorantes tienen un único propósito: añadir calorías a la dieta. No siempre dan el salto a la idea de que si un alimento sólo añade calorías y no otros nutrien-

5. Elliot, S., *et al.* «Fructose, Weight Gain and the Insulin Resistance Syndrome». *Am J Clin Nutr.* Nov. 2002, 76(53), 911-922.

6. «Is Fructose Bad For You?» *Harvard Health Letter.* Mayo 1, 2007.

7. Bingham, S., *et al.* «Epidemiologic Assessment of Sugars Consumption Using Biomarkers, Comparisons of Obese and Non-obese Individuals». *Cancer Epidemiol Biomarkers Prev.* 2007, 16, 1651-1654.

tes, entonces tal vez ese alimento pueda ser reemplazado de manera segura en nuestras dietas por carbohidratos complejos o proteínas y verduras.

## Estudios sobre la adicción al azúcar y la obesidad

Como viste en el Capítulo 1, el azúcar es adictivo. Para llevar ese pensamiento un paso más allá, diremos que el azúcar es una sustancia adictiva que puede llevar a la obesidad. Es posible estar delgado y ser adicto al azúcar, pero no es probable. Algunos adictos al azúcar se pegan atracones y se purgan luego para mantenerse delgados. Si se dan atracones pero no se purgan, entonces se saltan las comidas o pasan la mitad del día haciendo ejercicio para evitar aumentar de peso.[8]

Hay investigaciones que muestran que la obesidad y también la adicción pueden comenzar en el útero mismo. Cuando estudiaban esta posibilidad, los investigadores alimentaron con una dieta saludable a algunas ratas y una dieta poco saludable para otras mientras las ratas estaban embarazadas o en período de lactancia. La comida basura consistía en alimentos azucarados, grasos y salados. El objetivo principal del estudio fue averiguar si lo que comía la rata madre durante el embarazo y la lactancia afectaba a las preferencias alimentarias y los riesgos de obesidad de su descendencia.

Las ratas expuestas a dietas poco saludables preferían consumir agua azucarada por encima de cualquier otra cosa, incluso cuando tenían disponibles opciones más saludables. Los resultados mostraron que, en su mayor parte, tras el nacimiento, las crías de rata escogían en gran medida las mismas opciones que sus madres.

Las ratas bebé nacidas de madres que comieron mucho azúcar no pesaron más al nacer que las nacidas de madres que comieron sano, pero aumentaron de peso a tasas casi astronómicas a medida que se acercaban a la edad adulta. Su elección de alimentos fue similar a la dieta de su madre mientras estaba embarazada y amamantando. De ello se deduce que,

---

8. Avena, N.M., *et al.* «Evidence for sugar addiction, behavioral and neurochemical effects of intermittent, excessive sugar intake». *Neuroscience & Biobehavioral Reviews.* 2008, 32(1), 20-39.

si bien las ratas y los humanos son diferentes, muchos estudios pueden extrapolarse entre especies.[9]

El Dr. Jeffrey Gordon, de la Universidad de Washington, en St. Louis, y su equipo de investigadores, han estado realizando estudios aún en curso sobre el aumento de peso desde la década de 1990. Los resultados me fascinan. El equipo utilizó ratones como sujetos. Descubrieron que un cierto tipo de bacterias intestinales en los ratones puede haber causado el aumento de peso. Las bacterias dominantes en el intestino de los ratones obesos son firmicutes. Los ratones más delgados tenían más bacteroidetes en su sistema. Los firmicutes tienen más genes para descomponer las fibras y los almidones complejos. Cuando descomponen los carbohidratos complejos fácilmente, se añaden calorías y se puede aumentar de peso. Los bacteroidetes no son tan eficientes a la hora de descomponer la fibra y los carbohidratos complejos y, por lo tanto, los ratones con bacteroidetes en sus sistemas no digieren tanto, lo cual se traduce en una menor absorción de calorías y permanecen más delgados. Cuando se trasplantaron firmicutes a los ratones delgados, éstos aumentaron de peso.[10]

Paralelamente a los resultados del estudio con ratones, los investigadores también encontraron que los humanos con sobrepeso tenían muchas más bacterias firmicutes que los delgados. Luego pidieron a los sujetos obesos que siguieran una dieta baja en grasas y carbohidratos refinados durante un año. A medida que los sujetos de prueba perdían peso, las bacterias en sus aparatos digestivos cambiaban de firmicutes a predominantemente bacteroidetes. Parece que la obesidad en sí misma contribuye a un aumento del almacenamiento de grasa a través de un cambio en la proporción de bacterias. En esta investigación, ciertamente se demuestra que las calorías no son las únicas culpables. Elimina el azúcar, la grasa y el exceso de peso y no absorberás todas las calorías que consumes.[11]

9. Stephanie, et al. «A Maternal 'Junk Food' Diet in Pregnancy and Lactation Promotes an Exacerbated Taste for 'Junk Food' and a Greater Propensity for Obesity in Rat Offspring». Brit J Nutr. Oct. 2007, 98(4), 843-851.

10. Turnbaugh, P.T., et al. «An Obesity-Associated Gut Microbiome with Increased Capacity for Energy Harvest». Nature. Feb. 2002, 444, 21.

11. Ley, R.E., et al. «Microbial Ecology, Human Gut Microbes Associated with Obesity». Nature. Dic. 21, 2006, 444, 21-28.

Si tienes sobrepeso y te quieres quedar embarazada, sería una buena idea volver al peso normal antes de concebir. Esto le dará a tu bebé la oportunidad de crecer sin problemas de peso. Pero sigue siendo importante controlar lo que metes en tu boca y en la boca del bebé, independientemente del peso.

El futuro de la obesidad parece sombrío. Según un estudio de la Johns Hopkins Bloomberg School of Public Health del Center for Human Nutrition, el 75 % de los adultos y el 24 % de los niños y adolescentes occidentales tendrán sobrepeso u obesidad para el año 2015.

El estudio combinó los resultados de veinte estudios anteriores y cuatro encuestas nacionales. Descubrieron que la porción de la población que tiene sobrepeso u obesidad ha aumentado una media de 0,3 a 0,8 % por año desde la década de 1960. En la década de 1960, el 13 % de la población era obesa. El porcentaje había aumentado al 32 % en 2004. Los investigadores proyectan que para 2015, el porcentaje de personas obesas alcanzará el 41 %. Entre los niños y adolescentes, el 16 % tiene sobrepeso en la actualidad, mientras que el 34 % está en riesgo.[12] La investigación también demostró que las tasas más altas de obesidad se encuentran entre los grupos con niveles educativos y de ingresos más bajos, entre las minorías étnicas y en las personas que viven en áreas con mayor pobreza.

## Poner fin a la obesidad

La gente que hace dieta debe centrarse en limitar la cantidad de fructosa que consume, en lugar de eliminar los alimentos con almidón como el pan, el arroz y las patatas. El Dr. Richard Johnson, de la Universidad de Florida, en Gainsville, propuso el uso de nuevas pautas dietéticas basadas en la fructosa para evaluar lo saludables que son los alimentos. Johnson dice que las patatas, la pasta y el arroz pueden ser relativamente seguros en

---

12. Center for Disease Control. «Overweight and Obesity». www.jhsph.edu/publichealthnews/press_releases/2007/wang_adult_obesity.html.Viewed Dec 12, 2008

comparación con el azúcar de mesa.[13] Estoy completamente de acuerdo. Las patatas, la pasta y el arroz no inhiben el sistema inmunológico, pero la fructosa sí.

El tamaño de las porciones es una clave definitiva para el control de la obesidad. Los tamaños de los platos han aumentado cada año desde 1982. El *Journal of the American Dietetic Association* encontró información interesante. Un estudio demostró que los tamaños actuales de las porciones son más grandes que las porciones estándar desarrolladas por el Departamento de Agricultura de EE. UU. (USDA) en 1982. El peso medio de los muffins (180 g) era más de tres veces el peso de los estándares del USDA. El peso medio de las galletas (110 g) era ocho veces mayor que el de las galletas «medianas» del USDA. Para la mayoría de los alimentos, el tamaño más pequeño disponible era mayor que los estándares del USDA.[14]

Si reduces gradualmente la cantidad de comida que pones en el plato, empezarás a ver resultados en la báscula. La idea es adelgazar gradualmente. El Plan de Alimentación III (*véase* página 158) es bueno para la reducción de peso. Usa este plan con cuatro o cinco porciones pequeñas al día y verá resultados.

También te ayudará a reducir drásticamente la ingesta de edulcorantes. Siempre vuelvo al azúcar como la principal causa de mala salud. Ya he demostrado la relación entre la gente gruesa y el azúcar. Sin embargo, es importante recordar que el azúcar es una adicción y, por lo tanto, debe eliminarse lenta y progresivamente.

Dependiendo de la gravedad de la obesidad y de otros problemas de salud, tu médico puede recomendarte caminatas rápidas de hasta una hora entre tres y cinco veces por semana. También tendrás que cambiar tu dieta. Por el contrario, si lo único que haces es eliminar todas las formas de azúcar de tu dieta, estoy segura de que quedarás gratamente sorprendido con los resultados.

---

13. Segal, M.S., *et al.* «Is the Fructose Index More Relevant with Regards to Cardiovascular Disease than the Glycemic Index?» *Eur J Nutr.* Oct. 2007, 46(7), 406-417.

14. Young, L.R. y Nestle, M. «Expanding Portion Sizes in the US Marketplace, Implications for Nutrition Counseling». *Journal of the American Dietetic Association.* 103(2), 231-234L.

Entre 280 000 y 325 000 personas mueren cada año por dolencias relacionadas con la obesidad.[15] Si no tomas medidas, aumentarás en gran medida tus posibilidades de acabar obeso y unirte a la estadística. Confío en que elegirás sabiamente.

Creo que deberíamos terminar esta sección con una oración del actor Victor Buono.

### «La oración del gordo»

por Victor Buono

Señor, mi alma está desgarrada
por el alboroto provocado
con mi dieta malvada.
«Somos lo que comemos»,
dijo un anciano sabio.
Señor, si eso es cierto,
yo debo ser un cubo de basura.
Quiero levantarme el Día del Juicio
¡eso lo tengo claro!
Pero con mi peso actual,
necesitaré una grúa.
Así que concédeme fuerzas
para no caer en las garras del colesterol.
Que se sacie mi carne con rizos de zanahoria,
que mi alma sea polinsaturada.
Muéstrame la luz para que pueda dar testimonio
ante el Consejo Presidencial de Aptitud Física.
Sobre la margarina nunca murmuraré,
porque el camino al infierno
está untado con mantequilla.
Y la nata está maldita, el pastel es horroroso,
Satanás se esconde en cada galleta.
Mefistófeles acecha en el provolone;

---

15.  Allison, *et al.* «Annual Deaths Attributable to Obesity in the U.S». *JAMA*. Oct. 1999, 282, 1530-1538.

el diablo está en cada helado.
Belcebú es una gota de chocolate
y Lucifer es una piruleta.
La rebanada diaria dánosla hoy,
pero córtala fina y tuesta dos veces.
Suplico sobre los hoyuelos de mis rodillas,
líbrame del sirope.
Y cuando mis días de prueba terminen
y mi guerra con la leche esté ganada,
permíteme estar con los santos en el cielo
con una túnica brillante de la talla 36.
Puedo hacerlo, Señor, si me muestras
las virtudes de la lechuga y el apio,
si me enseñas la maldad de la mayonesa,
de la pasta a la milanesa,
de las patatas lionesas
y del pollo frito del sur.
Señor, si me amas, cierra mi boca.

Victor Buono dijo una vez: «Creo que nunca veré… mis pies». Murió en 1982 a los cuarenta y tres años de un ataque al corazón, pesando más de 160 kg.

Como verás en las siguientes secciones, consumir demasiado azúcar no sólo puede conducir a la obesidad, sino también a muchas otras enfermedades.

## Hipoglucemia: azúcar bajo en sangre no significa comer más azúcar

He seguido a la fundación de Roberta Ruggario, la Hypoglycemia Support Foundation, Inc., y a su trabajo durante más de veinte años. Tras leer su libro, *Lo que se debe y no se debe hacer con la hipoglucemia: una guía diaria para los niveles bajos de azúcar en la sangre*, sentí que era importante que Roberta escribiera una sección sobre hipoglucemia, ya que ella es la experta en este campo. A Roberta le apasiona enseñar a la gente sobre la hipoglucemia, al igual que a mí me apasiona enseñarle a la gente sobre el azúcar. Así que aquí hay un artículo escrito por una experta que, como yo, sólo quiere compartir su información.

## HIPOGLUCEMIA Y AZÚCAR: ¿EXISTE UNA RELACIÓN?

Verás, he pasado por eso, he vivido los efectos devastadores de la hipoglucemia y la ignorancia de no saber qué puede hacer el azúcar en el organismo, tanto física como mentalmente.

Fue necesaria una experiencia que cambió mi vida para saber por qué algunos etiquetan el azúcar como el veneno blanco, el asesino silencioso y el químico más destructivo y adictivo de libre elección. Se ha escrito que causa enfermedades mortales, contribuye al crimen y a la delincuencia, y puede ser la raíz de la mayoría de los problemas mentales y emocionales que sufre la población. Quizás el difunto Dr. Harvey Ross lo dijo mejor que yo cuando escribió en su libro *Hipoglucemia: la enfermedad que su médico no tratará*: «La diferencia entre comer carbohidratos naturales, sin refinar y azúcar refinado puede ser la diferencia entre la vida y la muerte, porque el azúcar refinado es letal cuando es ingerido por seres humanos». Como madre joven, yo no tenía ni idea de las consecuencias del azúcar. Vivía de Yankee Doodles, comiendo helados de chocolate y tartas de manzana calientes. Pasé de no comer nada a comer alimentos ricos en carbohidratos que consisten en pasta y pan. No era de extrañar que tuviera fatiga crónica y no pudiera levantarme por la mañana, insomnio por la noche, dolores de cabeza que parecían hacerme estallar el cráneo y algo de depresión que me hizo preguntarme: «¿Me estoy volviendo loca o qué está pasando?».

Ese escenario duró diez años (de 1960 a 1970), durante los cuales me enfrenté a decenas de médicos, innumerables pruebas, miles de píldoras e incluso a la administración de terapia de descarga eléctrica, sólo para que me dijeran que tenía un caso grave de hipoglucemia funcional (también conocido como bajo nivel de azúcar en sangre) y que todo lo que necesitaba era una dieta. Sí, una simple prueba de tolerancia a la glucosa, un diagnóstico adecuado y la eliminación del azúcar me llevaron por el camino correcto hacia la curación. Lo triste es que lo que a mí me pasó hace por lo menos cincuenta años, le sigue pasando a la gente en la actualidad. Hay que tener en cuenta que hace cincuenta años la única prueba que había

116

para detectar el exceso de glucosa en sangre era el test de tolerancia. Ahora hay otras pruebas menos invasivas para detectar problemas de hipogluce-mia o hiperglucemia. Puedes leer al respecto en la sección problemas de azúcar en sangre, en la página 61.

Recibo al mes unos quinientos correos electrónicos de todas partes del mundo en mi web www.hypoglycemia.org. Es una extensión de la Hypo-glycemia Support Foundation, Inc. (HDF). Fundé la HDF en 1980 para faci-litar información, soporte, esperanza y coraje a los que sufren, algo que yo no tuve cuando estaba enferma y no había nadie cerca para ayudarme.

Mi mensaje es bien sencillo. Los síntomas no están en tu cabeza. Si sufres fatiga, insomnio, confusión mental, nervios, cambios de humor, des-mayos, migrañas, depresión, fobias, visión borrosa, temblores, arrebatos de ira, mal genio a todas horas, palpitaciones, antojos de dulce, alergias, episo-dios de llanto (sólo por nombrar unos cuantos) es porque padeces hipoglu-cemia funcional, seguramente debida a una mala dieta, al estrés y a una mala higiene de vida en general.

Me gustaría desarrollar esto durante un momento. Para mí, personal-mente, fue el cambio de dieta lo que cambió mi vida. Pero de inmediato se puso de manifiesto que el estrés y el estilo de vida también jugaban un papel preponderante en el control de los síntomas de la hipoglucemia. Puedes estar siguiendo la dieta perfecta pero yendo cada día a un trabajo que odias. Nunca serás feliz. Puede que comas equilibradamente y que hagas ejercicio físico cinco horas al día. Nada irá bien en tu vida si sientes que «las cosas no marchan». Después de todo, si eres adicto a la nicotina, la cafeína, el alcohol o lo que sea, tienes que tener en cuenta que tus adiccio-nes pueden desencadenar o empeorar una hipoglucemia preexistente. Por lo tanto, si estás batallando contra problemas con el azúcar o con cualquier enfermedad, es un deber indispensable sanar y reequilibrar todo el organis-mo –física, mental, emocional y anímicamente–. No te asustes. Hay que hacer pequeños cambios cada día, pasito a pasito, y entrelazar la educación, el compromiso, la aplicación y el amor.

Pero ¿qué es exactamente la hipoglucemia? ¿Y qué papel juega en ella el azúcar? Para conocer mejor esta dolencia, pregunté su opinión a la Dra. Lorna Walker, nutricionista de la HSF durante los últimos veinticinco años.

Y esto fue lo que me dijo:

«Seale Harris, MD, describió por primera vez la hipoglucemia reactiva o fun-cional en 1924. Él la etiquetó apropiadamente como hiperinsulinismo. Hoy en día, los términos hipoglucemia reactiva, hipoglucemia funcional e hiperinsulinismo idiopático se usan indistintamente.

»En la hipoglucemia, el páncreas es hipersensible a los aumentos rápidos de glucosa en sangre y responde secretando demasiada insulina. Pero ¿significa eso que comer azúcar causa hipoglucemia? Se han realizado pocos estudios sobre la relación entre el consumo de azúcar o carbohidratos refinados y el desarrollo de hipoglucemia. Sin embargo, existe evidencia empírica que sugiere firmemente que existe una relación directa.

»Lo más obvio para tratar la hipoglucemia es la terapia dietética. A los pacientes con hipoglucemia les ayuda una dieta baja en azúcares y carbohidratos refinados (que se convierten rápidamente en azúcar). Al evitar lo que desencadena el páncreas, se controla la hipoglucemia. Dado que el ciudadano medio consume casi 68 kg de azúcar al año, es razonable suponer que muchos sucumbirán a este ataque constante al páncreas y desarrollarán hipoglucemia reactiva.

»Luego, está el número creciente de diabéticos tipo 2… Los niños de hasta doce años están siendo diagnosticados de este problema con mucha frecuencia. Los diabéticos tipo 2 tienen niveles elevados de insulina, al igual que las personas con hipoglucemia funcional. Sin embargo, las células ya no responden al mensaje de la insulina. La obesidad juega un papel importante en este escenario y sabemos que facilita el almacenamiento de grasa; a más insulina, más almacenamiento de grasa. ¿No es razonable concluir que el consumo constante de alimentos altamente refinados y cargados de azúcar, en última instancia, agota el páncreas hasta que ya no puede controlar los niveles de glucosa en sangre? Creo que sí. El Dr. Harris dijo: "El bajo nivel de azúcar en sangre de hoy es la diabetes del mañana".

»El tratamiento para la diabetes tipo 2 consiste en la pérdida de peso (para disminuir la insensibilidad a la insulina) y esencialmente usa la misma dieta que se usa para tratar la hipoglucemia. Con tanta evidencia, el sentido común apunta a una causa dietética para la hipoglucemia; es hora de implorar a la comunidad científica para que haga los estudios epidemiológicos necesarios para demostrarlo!».

Si te han diagnosticado hipoglucemia o simplemente crees que la tienes, el primer requisito es la información. Aprende todo lo que puedas sobre esta afección y luego, como paciente informado, podrás elegir sabiamente un médico que pueda ayudarte con tu diagnóstico y tratamiento. Felicítate: estás en el camino de la recuperación.

Muchas gracias a Roberta. Su artículo está lleno de información importante. El Plan de Alimentación III (*véase* página 158) es la dieta perfecta para una persona con problemas de hipoglucemia. Puedes utilizar este plan de alimentación y comer porciones pequeñas cuatro o cinco veces al día para volver a encarrilarte. Es importante para las personas con hipoglucemia y te ayudará a mantener estabilizada la glucosa. Utiliza el kit de monitoreo corporal para averiguar los alimentos a los que tu cuerpo es sensible. Los alimentos a los que eres alérgico pueden elevar o reducir los niveles de azúcar en sangre fuera del rango normal, con consecuencias que debes evitar.

## POCA BROMA CON EL AZÚCAR

«Azúcar, especias y todo lo bueno, de eso están hechas las niñas». Esta canción infantil sobre la composición no científica de las niñas pequeñas puede contener montañas de información para un futuro sociólogo sobre las expectativas de género durante los malos tiempos, lleguen cuando lleguen. Las niñas y las mujeres han sido tradicionalmente amas de casa, las expertas en ese proceso mágico que hace que los ingredientes de la cocina formen parte de los organismos. Sin embargo, en la práctica esa canción es incorrecta: los niños también están hechos de azúcar.

Estadísticamente, los adolescentes superan a todos los demás grupos de género y edad en el consumo medio de azúcar y otros edulcorantes, registrando una taza por día.[16] Pero los niños no se quedan atrás, así que más tarde o más temprano terminarán teniendo problemas de salud.

El azúcar entra en escena temprano. Muchos bebés recién nacidos reciben una botella intravenosa que contiene un 5 % de glucosa antes de irse del hospital a casa. Algunas fórmulas para bebés, como Enfamil, Pro Sobec Lipil y Similac Go & Grow, contienen una forma de azúcar o sirope de maíz con alto contenido en fructosa. Lee atentamente las etiquetas y llama al fabricante para más información. No te dejes engañar por Similac Organic, que está acabando con las plantaciones de caña de azúcar. Exis-

16. Glinsman, W., *et al.* «Report from FDA's Sugars Task Force, 1986, Evaluation of Health Aspects of Sugars Contained in Carbohydrate Sweeteners». *Food and Drug Administration*. 1986, 42.

ten fórmulas sin ningún tipo de azúcar. Calm Nat Baby Formula es una de ellas. Cuéntale a tu médico tus inquietudes y pídele consejo.

El azúcar es una adicción que empieza temprano, a medida que crecemos comiendo lo que comen nuestros padres. Los padres con problemas de salud pueden tener hijos con problemas de salud porque ellos tienen la capacidad de transmitir sus hábitos insanos a sus hijos, iniciando así la adicción al azúcar del niño desde el útero. Un estudio con ratas realizado en Londres mostró que las ratas preñadas y lactantes que consumían dietas altas en azúcar producían crías que preferían la comida basura. Las ratas madres ganaban enormes cantidades de peso al comer alimentos con alto contenido de azúcar, pero las crías que tomaban la leche materna, eran aún más gordas.

Con hábitos como éste, ¿cómo no podemos esperar que nuestros hijos crezcan enganchados a lo dulce?

Este capítulo trata sobre las enfermedades causadas por el azúcar, y aunque esta sección no trata sobre una enfermedad específica en sí misma, es importante comprender los diversos efectos que puede tener dar azúcar a nuestros niños.

No hace falta decir que tenemos que dejar de alimentar a nuestros hijos con azúcar.

## El azúcar afecta más a los niños que a los adultos

Puede ser peor para los niños que para los adultos porque los niños reaccionan con mucha vehemencia y con cambios mucho más brutales en la química corporal. Algunos de sus sistemas no están completamente desarrollados. El sistema inmunológico aún está desarrollando la inmunidad adquirida para combatir las infecciones y el sistema digestivo debe aprender a manejar la gran variedad de alimentos de nuestra dieta.

El cuerpo de un niño está aprendiendo y trabajando continuamente, y el azúcar sólo consigue que trabaje más. Al menos ellos tienen la capacidad de volver a la homeostasis mucho más rápido que los adultos, porque aún no han entrenado sus cuerpos para el abuso del azúcar. Estos cambios en la química corporal no sólo causan dolencias físicas, como alergias y asma, sino que también, como muestran muchos estudios, ponen a los niños en una montaña rusa de efectos emocionales que incluyen hiperactividad, agresividad, tristeza, baja autoestima, manía, somnolencia y muchas dolencias más.

Existen varios enfoques para explicar cómo el azúcar afecta a las emociones y la mente. Uno, presentado por el Dr. William Crook en su artículo «¿Por qué la ingestión de azúcar causa hiperactividad en muchos niños?», apunta a la *Candida albicans*, una levadura que necesita azúcar para prosperar. Una depresión del sistema inmunológico, que he comentado muchas veces en este libro, permite que la cándida se multiplique sin control en el organismo. En un estudio, una rata alimentada con dextrosa tuvo una incidencia un 200 % más alta de proliferación de cándida en su tracto gastrointestinal que las que no fueron alimentadas con dextrosa. Muchos investigadores que estudian la *Candida albicans* han observado un mayor grado de permeabilidad intestinal en personas que la padecen. Esto puede permitir que los alimentos no digeridos entren al torrente sanguíneo. La reacción del cuerpo a estas partículas invasivas libera sustancias químicas que pueden afectar a las emociones.[17]

Creo que hay más formas en las que el azúcar puede cambiar los estados emocionales. Mi investigación se ha centrado principalmente en las relaciones minerales; cuando se desequilibran, pueden causar estragos en la producción de enzimas y hormonas en el organismo. Este proceso puede incluir los neurotransmisores, que le dicen al cuerpo qué pensar y sentir, y la testosterona, que está vinculada a la agresividad.

## Otros efectos del azúcar en los niños

La obesidad es sin duda una buena razón para desenganchar a los niños del azúcar, ya que éstos engordan rápidamente. Pero la razón principal para evitar el azúcar con que alimentamos a nuestros hijos es la diabetes tipo 2, que está aumentando en la población infantil; no la diabetes tipo 1, que es el tipo habitual de diabetes en niños.

## Diferencias entre la diabetes tipo 1 y la diabetes tipo 2

La diabetes tipo 1, antes conocida como diabetes «juvenil» o «insulinodependiente», es una afección crónica en la que el páncreas produce poca o ninguna insulina. Aunque la diabetes tipo 1 puede desarrollarse a cualquier edad, generalmente aparece durante la niñez o la adolescencia. La comunidad médica cree que este tipo de diabetes es genética o causada

---

17. Crook, W. «Why Does the Ingestion of Sugar Cause Hyperactivity in Many Children?» *Townsend Letter for doctors.* Julio 1992, 581-582.

por un virus. A pesar de la investigación activa, la diabetes tipo 1 no tiene cura. Menos del 10% de los diabéticos son de tipo 1.

La diabetes tipo 2 es mucho más común. Es una condición en la que el organismo se vuelve resistente a los efectos de la insulina, aunque esté produciendo la suficiente. O puede que el cuerpo produzca algo de insulina, pero no la suficiente como para mantener un nivel normal de glucosa en sangre. El tratamiento para la diabetes tipo 2 gira en torno a una combinación de dieta, ejercicio, medicamentos e inyecciones de insulina. Mucha gente no necesita inyecciones de insulina una vez que han cambiado algunos factores en su estilo de vida. Más del 90% de los diabéticos son de tipo 2.

Ambos tipos de diabetes pueden mejorarse con dieta, muchas veces de manera espectacular. Para ayudar a lidiar con las alergias a los alimentos que el organismo no está procesando bien, sigue inmediatamente con el Plan de Alimentos III (*véase* página 158) y usa el kit de monitoreo corporal para realizarte las pruebas.

## La prueba científica (y anecdótica)

Cuando consideramos los efectos mentales y emocionales que tiene el azúcar en los niños, tal vez entendemos un poco la razón de por qué el sistema educativo falla. Los niños que se ven afectados por el azúcar pueden tener dificultades para concentrarse, o pueden volverse somnolientos o hiperactivos.

Esos síntomas pueden afectar a las calificaciones y al avance escolar. Por primera vez en la historia de los Estados Unidos, es menos probable que tu hijo se gradúe de la escuela secundaria de lo que lo era antes. De cada cuatro niños, uno abandona la escuela secundaria. Entre los estudiantes de minorías,[18] más de uno de cada tres abandonan la escuela secundaria antes de graduarse.[19]

Reducir la cantidad de azúcar que reciben los niños en la escuela ha hecho maravillas en el pasado y está haciendo maravillas en el presente. La siguiente historia te hará sonreír.

---

18. Término utilizado en Estados Unidos y el Reino Unido para describir a los estudiantes cuya primera lengua no es el inglés, y que por lo tanto no poseen un dominio de esa lengua equiparable al de los hablantes nativos. *(N. de la T.)*

19. School Library Journal Staff. «Kids Less Likely to Graduate High School Than Parents». *School Library J.* Oct 27, 2008.

En 1998, Yvonne Sanders-Butler se convirtió en directora de la escuela primaria Browns Mill en Lithonia, Georgia. En ese momento, el 20% de sus alumnos tenían sobrepeso y muchos de ellos tomaban en el desayuno donuts, galletas y dulces, o bien no desayunaban nada, directamente. Unos trescientos alumnos se inventaban excusas para no participar en educación física y las pruebas académicas sólo fueron aprobadas por poco más del 50% de los estudiantes.

Con la aprobación de la PTA, Sanders-Butler prohibió todos los dulces, refrescos y refrigerios azucarados de la cantina y bocadillos envasados. Todos los días, se inspeccionaban los almuerzos y bocadillos, y las golosinas se reemplazaron con una fruta. Todos los alumnos y sus padres firmaron un compromiso de bienestar, y aquellos que se adherían al programa ganaban puntos extra en los deberes y otros premios. Actualmente, en la escuela primaria Brown Mills, no hay ni un sólo niño obeso y el 80% de los alumnos aprueban los exámenes estatales. En septiembre de 2008, otras diecisiete escuelas en los Estados Unidos se unieron al programa, que se llama Healthy Kids, Smart Kids. Sanders Butler ahora está trabajando con la Fundación Robert Wood Johnson para ayudar a difundir el mensaje.[20]

El problema también se extiende a otros países. En Noruega, donde el consumo medio de refrescos es de 114 litros por persona al año, se envió un cuestionario a más de 5000 alumnos de décimo grado. En el estudio, el 45% de los niños y el 21% de las niñas admitieron beber más de un vaso de refresco al día. Las preguntas buscaban relacionar los niveles de consumo de refrescos con problemas conductuales y muchos indicadores comunes de salud mental, como ansiedad, hiperactividad, mareos, desesperanza, pánico, tristeza, baja autoestima, insomnio y sensación de agobio.

Los niños que bebían cuatro o más refrescos al día puntuaban más alto en hiperactividad y problemas mentales o de comportamiento, en general. Las tasas disminuyeron con un menor consumo de refrescos.[21]

20. «18 Big Ideas to Fix the Health Care System». *Reader's Digest.* www.rd.com/living-healthy/18-ideas-to-reform-health-care-now/article101364-1.html www. Healthykidshelathycommunities.org, www.healthykidssmartkids.com

21. Lien, L. «Consumption of Soft Drinks and Hyperactivity, Mental Distress, and Conduct Problems Among Adolescents in Oslo, Norway». *Am J Public Health.* Oct. 2006, 96(101), 1815-1820.

(Para más información sobre los hábitos alimenticios en otros países, consulta «Lugares lejanos», página 144).

El estudio presentó algunas otras ideas que no se pudieron probar con el cuestionario. Los investigadores vieron que el alto contenido calórico de los refrescos hace que el niño se sienta lleno y, a su vez, se salten las comidas. Los alimentos ricos en nutrientes ayudan a estabilizar el azúcar en la sangre y contienen nutrientes, como hierro y proteínas, que pueden afectar los estados emocionales.

Otros investigadores y yo misma hemos relacionado el azúcar con la mayoría de las enfermedades en adultos a causa de subidas y caídas en picado. (Vuelve a la página 25 y lee «140 razones por las que el azúcar daña tu salud» para descubrir el significado de esa afirmación). Se podría hacer la suposición lógica de que lo que es malo para los adultos tampoco puede ser bueno para los niños, y estaremos en lo cierto.

Los estudios que existen son, lamentablemente, contradictorios. Hasta el momento, no existe una ciencia verdaderamente definitiva para establecer el vínculo entre los estados emocionales de los niños y sus dietas azucaradas. Los pocos estudios que he mencionado, y que apoyan esa hipótesis, son un buen comienzo, pero han surgido algunos estudios que no muestran ninguna relación entre ambos, contrarrestando los numerosos que sí lo hacen. Sin embargo, pido que dejemos la ciencia a un lado por un momento y consideremos la evidencia anecdótica que podemos ver con nuestros propios ojos. Con los años, los niños se han vuelto más gordos. Se han vuelto más holgazanes. Se inclinan más al mal comportamiento. Estoy segura de que has notado algunas de estas observaciones.

¿Cuántas veces has visto un niño con rabieta, exigiendo lo que sea, comiendo siempre cosas con azúcar? Y cuántas veces has estado con un niño que se estaba portando mal, después de haberlo visto comer dulces o beber refrescos en las dos horas anteriores? ¿Cuántas veces has estado de mal genio porque necesitabas algo dulce o tenías hambre?

Podemos ver con nuestros propios ojos lo que el azúcar puede hacerles a los niños. Sabemos cuál es el problema. Lo difícil es la solución.

## Eliminar el azúcar de la dieta de los niños

La adicción al azúcar es mucho más difícil de superar que cualquier otra adicción y la sociedad no ayuda en absoluto... La mayoría de fiestas han sido inventadas por empresas de ventas de dulces. Abundan las fiestas azucaradas: San Valentín, Pascua, Halloween, Navidad…, y ninguna de las cuales estaría completa sin dulces y repostería.

No olvidemos las ventas de pasteles en la iglesia y las fiestas de cumpleaños de cada niño. Y luego, las criaturas crecen bañadas en azúcar. ¿Y ahora qué? ¿Cómo eliminamos el azúcar de la dieta de nuestros niños?

En mi experiencia, todo empieza cuando los padres evalúan su propia ingesta de azúcar y se la reducen a ellos mismos. Yo no pude conseguir convencer a mis propios hijos de once años hasta que eliminé el azúcar de mi dieta.

Pero la vida familiar, psicológicamente más sana, que resultó de mi abandono de la adicción ayudó a mis hijos de algún modo. Creo que verme les ayudó a tomar buenas decisiones sobre el azúcar y todos los alimentos.

No hice que mis hijos lo dejaran de golpe y autoritariamente. Les permitía días especiales con postres antes de eliminarlos por completo. En Halloween, les dejaba comer unos cuantos caramelos y tirar el resto. Sólo después de que dejaran de pedir dulces, pensé en darles regalos a cambio de los caramelos.

No hace falta decir que prohibí los refrescos en mi casa desde el primer momento.

Mis hijos comían azúcar fuera de casa y yo no decía nada porque no quería insistir sobre lo que no estaba viendo con mis propios ojos. Ser demasiado estrictos puede provocar una reacción contraria y rebelde en los niños. Pero, por mi parte, no les compraba alimentos azucarados ni los metía en mi casa.

Mis estudios también me aportaron algunas herramientas educativas interesantes que pueden ser de gran ayuda para persuadir a los niños de que dejen el azúcar. Puedes hacer que tus hijos se lean las etiquetas de los alimentos que comen y averigüen cuántos gramos de azúcar tienen. Luego, puedes usar la conversión de gramos a cucharaditas y hacer que tus hijos viertan el azúcar en una taza para ver cuánto es exactamente. También creo que en lugar de recompensar el buen comportamiento con una golosina azucarada, hay regalitos (como globos, colorines u otras tonterías de los bazares chinos) que funcionan bien. A mi hija se le ocurrió una gran idea para Halloween: en vez de regalar dulces a los que llama-ban a la puerta, les regalaba brazaletes fluorescentes que se venden en Internet.

Si tu hijo tiene alguno de los siguientes problemas, te sugiero que elimines completamente el azúcar de su dieta durante al menos diez días.

→ Alergias.
→ No poder pasar más de cuatro horas sin comer.
→ Resfriados o infecciones bacterianas más de una vez al año.
→ Dificultad para concentrarse.
→ Dificultad para conciliar el sueño o permanecer dormido.
→ Dolores de cabeza frecuentes.
→ Hiperactividad o apatía.
→ Bajas calificaciones.
→ Empastes dentales.
→ Sobrepeso.

No tienes nada que perder. De hecho, probablemente ahorrarás mucho dinero al no comprar refrescos, helados, pasteles, dulces y similares. Inclu-so podrías aliviar algunos de los síntomas que tiene tu hijo y ayudar a su salud. Los síntomas de la primera infancia pueden significar enfermeda-des degenerativas de adulto.

Sin embargo, ten en cuenta que no todos los problemas con los niños son dietéticos, por lo que eliminar el azúcar de la dieta no es necesaria-mente una panacea. Vale la pena intentarlo, pero sigue siendo necesario apoyarlo en otras cosas que suceden en la vida del niño.

Puedes controlar lo que come tu hijo en casa, así que empieza ya.

## Síndrome metabólico: problema difícil, respuesta fácil

Parece que a los médicos les encanta nombrar las cosas con palabras de muchas sílabas, y la palabra «síndrome» es una de las favoritas, diseñada para asustar a la gente. Sin embargo, en el caso del síndrome metabólico, sí que deberíamos preocuparnos. Se estima que entre el 25 y el 50 % de los adultos occidentales lo tienen o pueden tenerlo.[22]

El síndrome metabólico se caracteriza por un grupo de factores de riesgo metabólico.[23] Un estudio sugiere que si tienes tres de los siguientes síntomas, es posible que tengas síndrome metabólico:

- Presión arterial elevada (al menos 130 sistólica y 90 diastólica).
- Proteína C reactiva elevada, o inflamación en el torrente sanguíneo.
- Niveles altos de glucosa en sangre en ayunas (110 mg/dl o más).
- Triglicéridos altos (más de 150 mg/dl).
- Una cintura ancha (1 metro para hombres y 90 cm para mujeres).[24]
- Bajos niveles de lipoproteínas de alta densidad (HDL), (menos de 40 mg/dl en hombres y menos de 50 mg/dl en mujeres).
- Niveles altos de lipoproteínas de baja densidad (LDL) (más de 150 mg/dl).
- Niveles elevados de colesterol total (más de 200 mg/dl).

Si tienes tres o más de estos síntomas, es aconsejable que te vea un médico.

## Resistencia a la insulina

Algunos de los síntomas del síndrome metabólico ya se han comentado, pero detengámonos un minuto para definir el problema más importante: la resistencia a la insulina. Años de ingesta de carbohidratos altamente refinados (especialmente en individuos genéticamente predispuestos) estresan a los receptores de insulina, y después funcionan mal.

También hay otros factores que contribuyen a volverse resistente a la insulina. Fumar es uno de ellos. Fumar cigarrillos aumenta la resistencia

22. Keller, K.B, y Lemberg, L. «Obesity and the Metabolic Syndrome». *Am J Crit Care.* 2003, 12, 167-170.

23. American Heart Association. «Metabolic Syndrome». www.americanheart.org/ presenter.jhtml?identifier=4756

24. Shankuan, Z., *et al.* «Waist Circumference and Obesity-associated Risk Factors among Whites in the Third National Health and Nutrition Examination Survey, Clinical Action Thresholds». *Am J Clin Nutr.* Oct. 2002, 76(4), 743.

a la insulina y empeora las consecuencias para la salud del síndrome metabólico. Si fumas, añade esto a la lista de razones por las que debes dejar de fumar.[25]

En una persona con un metabolismo normal, la insulina se libera del páncreas después de ingerir azúcar y envía señales a los músculos y tejidos grasos del cuerpo sensibles a la insulina. Los músculos y los tejidos grasos absorben el azúcar para reducir la glucosa en sangre a niveles normales. Esto devuelve el nivel de glucosa a la homeostasis.

Sin embargo, en una persona resistente a la insulina, los niveles normales de insulina no activan la señal de absorción de glucosa por parte de los músculos y las células grasas. Para compensar el problema, el páncreas de una persona resistente a la insulina libera mucha más insulina de la necesaria para que las células puedan absorber la glucosa. Los niveles muy altos de insulina suelen controlar los niveles de glucosa en sangre de manera adecuada, al menos durante un tiempo. Esta resistencia puede producirse tanto con la propia insulina del cuerpo como mediante inyecciones de insulina.

Recientemente, han entrado en juego otros efectos menos conocidos de la insulina. Incluyen:

- Proteína C reactiva elevada, que indica inflamación.
- Triglicéridos séricos elevados.
- Mejora la síntesis de colesterol, elevando el nivel de colesterol en sangre.
- Fomenta el almacenamiento en lugar de la quema de grasa.
- Niveles altos de insulina.
- Aumenta la secreción de norepinefrina, que puede aumentar la presión arterial y la frecuencia del pulso.
- Incrementa la tendencia a formar coágulos de sangre.[26]

---

25. Sang, W.O., *et al.* «Association Between Cigarette Smoking and Metabolic Syndrome». *Diabetes Care.* 2005, 28, 2064-2066.
26. Rett, K. «The Relation between Insulin Resistance and Cardiovascular Complications of the Insulin Resistance Syndrome». *Diabetes Obes Metab.* 1999, 1 (Sup.1), S8-S16.

* Conduce a la glicación, que es cuando la glucosa se une a las proteínas de forma no enzimática y puede provocar cataratas, arrugas y otros problemas.
* Reduce los niveles de lipoproteínas de alta densidad (HDL), lo que aumenta el riesgo de enfermedad cardíaca.
* Aumenta las lipoproteínas de baja densidad (LDL) en el torrente sanguíneo, lo que aumenta el riesgo de enfermedad vascular.
* Retención de sodio (sal), lo que provoca un aumento de la presión arterial.
* Estimula el cerebro e hígado para que tengas hambre y produzcas grasa.
* Engrosamiento de las paredes arteriales, lo que endurece los vasos sanguíneos, aumenta la presión arterial y aumenta el riesgo de enfermedad vascular.
* Diabetes tipo 2.
* Alteración del equilibrio hormonal. Las hormonas trabajan en relación unas con otras, por lo que cuando una de las glándulas aumenta o disminuye su secreción, las otras secretan más de su hormona para mantener la homeostasis. La insulina va primero, ya que es la hormona con la que los alimentos entran antes en contacto. A continuación, se ve afectada la tiroides, seguida de la glándula pituitaria y luego las suprarrenales.

Los niveles altos de insulina pueden provocar obesidad, como se indica en la lista. Los niveles elevados de insulina también se han denominado «diabesidad», debido al vínculo común entre la diabetes tipo 2 y la obesidad.[27] El problema es mundial y alcanza proporciones epidémicas en los Estados

---

27. Astrup, A. y Finer, N. «Redefining Type-2 Diabetes, 'Diabesity' or 'Obesity Dependent Diabetes Mellitus'?». *Obes Rev.* 2000, 1, 57-59.

Unidos y en muchos países en desarrollo como China e India.[28, 29, 30] A nivel nacional, la incidencia de diabetes tipo 2 aumentó un 765% entre 1935 y 1966.[31] Se espera que las tasas mundiales aumenten un 46% en 2010, de 150 millones a 221 millones de casos.[32]

## Otras conexiones con el síndrome metabólico

Un estudio demostró que los pacientes con síndrome metabólico aumentaban su riesgo de estrés oxidativo, que está relacionado con enfermedades cardíacas y con una producción de HDL 3,7 veces menor. Tan pronto como los niños beben su primer refresco con sirope de maíz de alto contenido en fructosa, aumentan el riesgo de desarrollar enfermedades cardíacas a medida que envejezcan. Ya he hablado de los efectos específicos de la fructosa, pero cualquier dieta rica en azúcar parece tener estos efectos sobre el síndrome metabólico y la enfermedad cardíaca. Los niños que consumen demasiado azúcar y se vuelven gordos, tienen más probabilidades de desarrollar enfermedades cardíacas o síndrome metabólico cuando crezcan.[33]

La inflamación también juega un papel en el desarrollo del síndrome metabólico. Los procesos inflamatorios se ponen en marcha para proteger al cuerpo de lesiones, invasores extraños y alérgenos. El azúcar puede cau-

28. Mokdad, A.H., *et al.* «Diabetes Trends in the US, 1990-1998». *Diabetes Care.* 2000, 23, 1278-1283.

29. Pan, X.R., *et al.* «Prevalence of Diabetes and its Risk Factors in China, 1994, National Diabetes Prevention and Control Cooperative Group». *Diabetes Care.* 1997, 20, 1664-1669.

30. Ramachandran, A., *et al.* «Rising Prevalence of NIDDM in an Urban Population in India». *Diabetologia.* 1997, 40, 232-237.

31. Centers for Disease Control and Prevention NCIHS, Division of Health Interview Statistics, Census of the Population and Population Estimates. (Hyattsville, MD, Centers for Disease Control and Prevention, 1997).

32. Zimmet, P., *et al.* «Global and Societal Implications of the Diabetes Epidemic». *Nature.* 2001, 414, 782-787.

33. Freedman, D.S., *et al.* «Relationship of Childhood Obesity to Coronary Heart Disease Risk Factors in Adulthood, the Bogalusa Heart Study». *Pediatrics.* 2001, 108, 712-718.

sar alergias a los alimentos a través de una depresión general del sistema inmunológico. La inflamación es el subproducto de este proceso. La inflamación en el torrente sanguíneo se puede medir mediante análisis de sangre para medir la proteína C reactiva y la interleucina-6.

Se realizó un estudio de cinco años en personas mayores que padecían deterioro cognitivo para determinar la compleja relación entre la inflamación y el síndrome metabólico. La edad promedio de los participantes fue de setenta y cuatro años. Los resultados mostraron que los participantes que tenían síndrome metabólico eran más propensos a mostrar declives en las pruebas de función mental (memoria, confusión, estado de alerta) en todos los ámbitos. Sin embargo, cuando el síndrome metabólico se relacionó de forma cruzada con una inflamación elevada, el riesgo de deterioro de la función mental fue máximo. Los ancianos con síndrome metabólico y baja inflamación obtuvieron resultados considerablemente mejores en las pruebas mentales. Sin embargo, las personas con mejor desempeño fueron las personas sanas que no tenían síndrome metabólico.[34]

El estrés también puede desempeñar un papel en el síndrome metabólico, lo que explica por qué existe una alta relación entre la reducción del estrés y la disminución de los marcadores del síndrome metabólico. Un entrenamiento serio puede quemar energía y aliviar el estrés. Sin embargo, no todas las personas consiguen aliviar su estrés haciendo ejercicio y pueden necesitar formas adicionales de reducción de la ansiedad. Un estudio de 2006 sobre los efectos de la meditación en los factores de riesgo del síndrome metabólico y las enfermedades cardíacas encontró que dieciséis semanas de meditación mejoraron significativamente los marcadores.[35] Entonces, aquí es donde te digo que medites. Reza. O escribe un diario. Colócate en posición de loto y haz yoga. Acaricia al gato. Según lo que te guste y lo que no, usa alguno de estos métodos para reducir el estrés y también disminuirás el riesgo de síndrome metabólico.

34. Yaffe, K., *et al.* «The Metabolic Syndrome, Inflammation, and Risk of Cognitive Decline». *JAMA.* Nov. 10, 2004, 292(18), 2237-2242.

35. Merz, C.N., *et al.* «Effects of a Randomized Controlled Trial of Transcendental Meditation on Components of the Metabolic Syndrome in Subjects with Coronary Heart Disease». *Arch Intern Med.* 2006, 166(11), 1218-1224.

## Conquistar el síndrome metabólico

Tradicionalmente, se pensaba que las personas se volvían obesas, diabéticas, resistentes a la insulina, etc., por culpa de una dieta con un alto porcentaje de grasas saturadas.[36] Pero estudios recientes indican que una ingesta alta de azúcares simples, común en los refrescos y los carbohidratos refinados, también contribuyen al alarmante aumento del síndrome metabólico.[37] Para ser más específico, la revista *Circulation*, de la American Medical Association (AMA), citó un estudio que sitúa los refrescos a la cabeza. Los participantes que antes del estudio consumían uno o más refrescos al día tenían un 48 % más de probabilidades de tener síndrome metabólico al comienzo del estudio que aquellos que consumían menos. (No importaba si los participantes consumían refrescos normales o dietéticos). Entre los que comenzaron el estudio sin tener síndrome metabólico, los participantes que bebieron uno o más refrescos al día durante el estudio tuvieron un 44 % más de probabilidades de desarrollar síndrome metabólico al final del mismo que los que no los bebieron.[38]

La solución es simple: una mejor dieta y más ejercicio. Lo que constituye una buena dieta depende de muchas cosas, pero parece haber algunas características en común, como comer alimentos integrales y limitar la ingesta de alimentos que vayan en envases de cartón, celofán, plástico o cualquier otra cosa poco natural.[39] (Para ver planes de dieta más detallados, *véase* Planes de alimentación, en la página 157).

36. Kromhout, D., *et al.* «Dietary Saturated and Trans Fatty Acids and Cholesterol and 25-year Mortality From Coronary Heart Disease, the Seven Countries Study». *Prev Med.* 1995, 24, 308-315.

37. Liu, S. y Manson, J.E. «Dietary Carbohydrates, Physical Inactivity, Obesity and the 'Metabolic Syndrome' as Predictors of Coronary Heart Disease». *Curr Opin Lipidol.* 2001, 12, 395-404.

38. Dhingra, R., *et al.* «Soft drink Consumption and Risk of Developing Cardiometabolic Risk factors and the Metabolic Syndrome in Middle-aged Adults in the Community». *Circulation.* Julio 31, 2007, 116(5), 480-488.

39. Esposito, K., *et al.* «Effect of a Mediterranean-Style Diet on Endothelial Dysfunction and Markers of Vascular Inflammation in the Metabolic Syndrome, a Randomized Trial». *JAMA.* Sep. 22/29, 2004, 292(12), 1440-1446.

Es la combinación de dieta y ejercicio la que te ayudará a evitar el síndrome metabólico. La investigación demuestra que una mayor ingesta de frutas y verduras se asocia con un menor riesgo de síndrome metabólico y un menor recuento de proteína C reactiva en sangre. El recuento elevado de proteína C reactiva es uno de los factores de riesgo en el síndrome metabólico, por lo que cuanto más bajo sea, mejor.[40]

Por lo tanto, come frutas y verduras, y mantente activo. Te ayudará ahora y a largo plazo.

## Demencia: dientes deteriorados, cerebro deteriorado

Los médicos y dentistas están de acuerdo en que el azúcar deteriora los dientes. Sin embargo, hay menos acuerdo sobre si el azúcar causa enfermedades cardíacas, accidentes cerebrovasculares, diabetes o cáncer. La idea de que el azúcar también puede causar deterioro mental es aún más controvertida para la opinión médica generalizada.

No te equivoques, el azúcar puede causar deterioro cerebral, más propiamente llamado demencia. Justo cuando pensabas que estabas a salvo con el colesterol, la aspirina para tu corazón y los metabolizadores para esos kilos de más, aparece la demencia, lo cual significa que puedes volverte olvidadizo a la hora de tomar tus pastillas, lo que provocará un montón de problemas. Al final, esto podría terminar matándote más rápido que el azúcar en sí.

### ¿Qué es la demencia?

La demencia es una disminución de cualquier función mental, incluida la memoria, la lógica, el lenguaje y la personalidad a corto y a largo plazo. La mayoría de la gente piensa que la demencia es la enfermedad de Alzheimer, que es la forma más común de demencia, pero hay otros tipos. Una víctima de accidente cerebrovascular con mucho deterioro puede descri-

---

40. Esmaillzade, A. «Fruit and Vegetable Intakes, C-reactive protein, and the Metabolic Syndrome». *Am J Clin Nutr.* Dic. 2006, 84(6), 1489-1497.

birse como un paciente con demencia. También pueden hacerlo los desafortunados que comen carne infectada de las vacas locas. La enfermedad de las vacas locas es una dolencia mortal que contrae el ganado. Afecta al sistema nervioso central, provocando temblores y agitación en las vacas. En los seres humanos, la enfermedad comienza con confusión y los cambios de personalidad y comportamiento, progresando hasta la demencia. La mayoría de las formas de demencia se consideran problemas de las personas mayores, ya que muchos piensan que perder la cabeza es una parte natural del envejecimiento.

## ¿Qué causa la demencia?

La ciencia parece indicar que el azúcar y la demencia están estrechamente relacionadas por las muchas formas de deterioro mental que tú o tus seres queridos pueden sufrir. La demencia vascular, la segunda forma más común de demencia, parece ser común en personas que han sufrido accidentes cerebrovasculares, hipertensión (presión arterial alta) o diabetes. Parece que hay dos posibles causas de demencia vascular. Una es que el metabolismo del azúcar crea productos finales que atacan directamente a las terminaciones nerviosas. La respuesta más ampliamente aceptada dice que los accidentes cerebrovasculares, la hipertensión y la diabetes acaban por restringir el flujo sanguíneo al cerebro, matando las neuronas. Si la demencia vascular está altamente asociada con estas enfermedades relacionadas con el azúcar, entonces se deduce que los cambios realizados en la dieta para tratar esas otras afecciones tendrían una alta probabilidad de ayudar a un cerebro enfermo a mejorar también.

## Estudios sobre demencia

Un estudio de cuatro años en mujeres con demencia encontró que alrededor del 6% de las mujeres con niveles normales de glucosa en sangre desarrollaron o aumentaron sus síntomas de la enfermedad. El mismo estudio concluyó que las mujeres con diabetes tenían un aumento del 12% en el deterioro mental. También hubo una tercera categoría que evaluó a los prediabéticos, que tienen una condición intermedia llamada glucosa en ayunas alterada, lo cual pasa cuando los niveles de glucosa en el organismo son más altos de lo normal en estado de ayuno, pero no lo suficientemente altos como para ser diagnosticados de diabetes. Los prediabéticos tuvieron un aumento del 10 % en el deterioro mental.[41]

Un estudio de 1994 para la compañía de seguros Kaiser Permanente obtuvo resultados en los pacientes que relacionaban la demencia con la obesidad (otra dolencia relacionada con el azúcar). Los investigadores se sumergieron en los excelentes registros de la Health Maintenance Organization (HMO) y encuestaron a personas que entre 1964 y 1973 tenían entre cuarenta y cuarenta y cinco años y eran obesas. Esas personas seguían siendo pacientes en 1994, cuando se realizó el estudio. Aquellos que eran obesos (un IMC de 30 o más) tenían un 74 % más de probabilidades de contraer alguna forma de demencia en sus últimos años que aquellos que tenían un IMC normal. Aquellos clasificados con sobrepeso (un IMC entre 25 y 29,9) tenían un 35 % más de riesgo de desarrollar demencia. El estudio incluyó tanto a hombres como a mujeres.[42]

Otros investigadores abordaron la relación entre el azúcar y el deterioro cerebral desde otros ángulos, como el marcador C-Péptido. El C-Péptido es una enzima que se usa como marcador en los análisis de sangre. Marca la cantidad de insulina que hay en el torrente sanguíneo. Si el Péptido-C se eleva en una analítica, es indicativo de que el organismo está produciendo más insulina de la que necesita porque los músculos no aceptan la que se produce y el páncreas sigue produciendo más. Cuanto más alto es el péptido C, más insulina hay en el torrente sanguíneo.

En un estudio, 718 mujeres que no eran diabéticas dieron muestras de sangre, lo que indicaban niveles de péptido-C. El estudio se llevó a cabo entre el 14 de junio de 1989 y el 4 de octubre de 1990, cuando las mujeres tenían entre sesenta y uno y sesenta y nueve años (aunque la investigación real no se realizó hasta diez años después). Se hicieron entrevistas telefóni-

---

41. Yaffe, K., *et al.* «Diabetes, Impaired Fasting Glucose and Development of Cognitive Impairment in Older Women». *Neurology.* 2004, 63, 658-663.

42. Whitmer, R.A., *et al.* «Obesity in Middle Age and Future Risk of Dementia, a 27-Year Longitudinal Population Based Study». *Brit Med J.* Junio 11, 2005, 330(7504), 1360.

cas a las mujeres en el año 2000, y luego otra vez dos años después. Las entrevistas interrogaron a las participantes para evaluar la cognición general, la memoria verbal y la atención. Parece ser que el 25 % de las mujeres con niveles elevados de Péptido-C en sus analíticas desarrollaron una forma de demencia una década después de la recogida de muestras de sangre. Los niveles altos de insulina en la sangre pueden ser perjudiciales tanto para los diabéticos como para los no diabéticos.[43]

En 2006, un investigador de la Escuela de Medicina de Harvard evaluó a 60 pacientes mayores de setenta años que tenían diabetes. El investigador utilizó pruebas estandarizadas de deterioro mental en los pacientes. El estudio también incluyó pruebas para la depresión. Los resultados de la prueba mostraron que el 33 % de los sujetos padecían síntomas de depresión. Según el Instituto Nacional de Salud Mental (NIMH), sólo del 1 al 5 % de los estadounidenses mayores no diabéticos sufren de depresión. Los resultados también mostraron que el 38 % de los sujetos de prueba obtuvieron calificaciones bajas en la prueba de discapacidad mental. Se ha establecido que un exceso de azúcar en la dieta puede provocar diabetes.

Los resultados de estas pruebas muestran que el 38 % de todos los diabéticos evaluados tenían deterioro cognitivo. En la población general, el 22 % de las personas tienen un deterioro cognitivo a los setenta años.[44]

## Detener el deterioro cerebral

La ciencia parece indicar que el consumo de azúcar y la demencia están relacionados.

Si bien no puedo ayudar con la enfermedad de las vacas locas, puedo ayudar con la mayoría de formas de demencia, con el mismo consejo que doy para los otros problemas: deja de comer azúcar, deja de comer los

43. Okereke, O., *et al.* «Plasma C Peptide Level and Cognitive Function Among Women Without Diabetes Mellitus». *Arch Intern Med.* Julio 25, 2005, 165(14), 1651-1656.

44. Munshi, M., *et al.* «Cognitive Dysfunction Is Associated With Poor Diabetes Control in Older Adults». *Diabetes Care.* Agosto 1, 2006, 29(8), 1794-1799.

alimentos a los que eres alérgico o intolerante, trata tus problemas emocionales y espirituales, y haz algo de ejercicio. La investigación que he mostrado justifica sin duda la eliminación del azúcar de la dieta y el tratamiento de la depresión. Nadie quiere vivir en un estado depresivo, pero las probabilidades de hacerlo aumentan con la cantidad de azúcar que se consume.

## Cáncer: una respuesta al mismo

Nadie quiere escuchar la palabra «cáncer» cerca de ellos. Admítelo, si estuvieras en el consultorio del médico, te acurrucarías y esperarías que el médico al que estás escuchando en la otra sala estuviera hablando de otro paciente. Instintivamente podemos pensar que nos vamos a contagiar, pero entonces recordamos que el cáncer no es contagioso, al menos no en el sentido ordinario, aunque la forma que tenemos todos de ingerir azúcar y no hacer ejercicio bien podría entenderse como un tipo de contagio.

Cáncer es una palabra que describe el proceso por el cual unas células mal replicadas crecen sin control y provocan un tumor. La investigación demuestra que incluso en personas sanas, algunas células se ven dañadas y mutan continuamente por diversos factores estresantes naturales que existen en el medioambiente, independientemente de nuestra dieta y estilo de vida moderno. Sin embargo, es posible que las personas sanas nunca tengan que preocuparse por desarrollar un cáncer porque su sistema inmunológico trabaja bien para erradicar todas las amenazas que se encuentra, y antes de volver al médico, el problema habrá desaparecido solo.

### ¿Qué causa el cáncer?

Una persona enferma puede desarrollar un cáncer porque tiene deprimido su sistema inmunológico con una dieta nefasta y por el estrés. Las células dañadas por el medioambiente camparán libres, sin control ni equilibrio, y continuarán creciendo, multiplicándose y desarrollando un tumor. El

137

cáncer, en pocas palabras, es una enfermedad en la que células dañadas o anormales, de cualquier tipo, se multiplican sin control.[45]

Ya he expuesto el caso general de que los desequilibrios minerales causados por el azúcar y otras agresiones alimentarias afectan al correcto funcionamiento de las hormonas, de las que dependen el sistema inmunológico y otros sistemas. Cuando se trata de cáncer, esta inmunodepresión debería ser la primera razón para evitar por completo el azúcar durante el tratamiento. Si el sistema inmunológico se cura y vuelve a funcionar a plena potencia, las terapias contra el cáncer serán más eficaces.

La gente desarrolla cáncer por diferentes motivos. Algunos fuman demasiado. Algunos viven en entornos muy contaminados. Otros beben agua contaminada o, en algunos casos, demasiado clorada. Otras causas o factores de riesgo del cáncer pueden incluir la exposición al sol, algunos virus como el del papiloma humano (VPH), toxinas, amianto, contaminación de alimentos, pesticidas y un largo etcétera.

La investigación también ha demostrado que las dietas altas en proteínas y bajas en vegetales, como muchas de las variaciones de la dieta occidental, están relacionadas con tasas más altas de cáncer. La edad también es un factor, porque cuanto más tiempo funciona un organismo, es más probable que algo falle y aparezcan células mutadas. Por lo tanto, las personas mayores tienen un mayor riesgo de desarrollar cáncer. Por último, algunos bebés ya nacen con susceptibilidad genética al cáncer, y si llevan un estilo de vida que desafía continuamente su sistema inmunológico, será más probable que desarrollen cáncer.

## El azúcar alimenta al cáncer

El azúcar se ha relacionado con el proceso del cáncer desde que el Dr. Otto Warburg ganó el Premio Nobel de Medicina en 1931 por su trabajo sobre el ciclo energético del cáncer. Descubrió que las células normales funcionan mejor con oxígeno como catalizador para la transferencia de energía, mientras que las células anormales son capaces de transferir energía sin

---

45. American Cancer Society. «What is Cancer?» www.cancer.org/docroot/CRI/ content/CRI_2_4_1x_What_Is_Cancer.asp?sitearea=

oxígeno. Este proceso canceroso deficiente en oxígeno es similar a cómo los músculos crean ácido láctico tras un ejercicio intenso, o cómo la levadura de cerveza, similar a una bacteria, convierte los azúcares o las fibras vegetales en alcohol, dióxido de carbono y agua. Bien, pues todos estos procesos dependen del azúcar.

Warburg también describió cómo el cáncer hace que el organismo produzca azúcares a partir de proteínas, en lugar de carbohidratos o grasas. Este proceso, llamado glucogénesis, hace que el cuerpo se desgaste porque se muere de hambre para alimentar al cáncer. Además, el cuerpo debe mantenerse al día con la tasa de expansión de las células cancerosas, que es ocho veces más rápida que la tasa de expansión de las células normales. Con el tiempo, la mayoría de las veces si no se pone remedio, se produce la muerte.[46]

Hay otras pistas de que el azúcar alimenta al cáncer. No es casualidad que la tomografía por emisión de positrones (PET) se pueda usar para detectar el cáncer añadiendo una solución de glucosa ligeramente radiactiva al torrente sanguíneo. La solución corre directamente hacia el cáncer y la radiación resalta áreas anormales del cerebro y de otros tejidos.[47] Los diversos hospitales que realizan tomografías PET explican en sus sitios web que el cerebro, el corazón y los pulmones consumen grandes cantidades de azúcar de la solución, dejando atrás la radiactividad para medir cualquier cambio en estas áreas afectadas. Pero la PET también se usa para detectar tumores en cualquier parte del cuerpo, por lo que quizás el cáncer consume azúcar sin parar.[48]

Dado que el páncreas produce la insulina que nos ayuda a lidiar con el azúcar en sangre, este órgano es el siguiente paso lógico para explorar cómo el azúcar alimenta al cáncer. Los pacientes con cáncer de páncreas tienen una tasa de supervivencia del 4 % en su quinto año tras el diagnóstico. Aproximadamente 30 000 estadounidenses son diagnosticados de cáncer de páncreas cada año.

---

46. Warburg, O. «The Chemical Constitution of Respiration Ferment». *Science.* Nov. 9, 1928, 68(1767), 437-443.

47. Radiology Info. www.radiologyinfo.org/en/info.cfm?pg=PET&bhcp=1

48. Children's Hospital of Boston. www.childrenshospital.org/az/Site2154/ mainpageS2154P0.html

Un estudio de dieciocho años siguió a 180 mujeres que tenían cáncer de páncreas. Los investigadores tomaron nota del índice glucémico (IG) de los alimentos que comían los pacientes. Vamos a recordar que el IG mide la velocidad a la que un alimento eleva los niveles de azúcar en sangre. Al multiplicar el IG por el número total de carbohidratos en la comida y dividir ese número entre 100, se obtiene la carga glucémica (CG). (Para obtener más información sobre IG y CG, *véase* la página 51). Los investigadores cotejaron el IG y la CG con otros factores en la vida de los pacientes, incluido el tabaquismo, los niveles de ejercicio, los antecedentes de diabetes, la ingesta de fructosa y el IMC. Estos fueron los resultados:

- Las mujeres con sobrepeso (con un IMC de más de 25) con estilos de vida inactivos que tenían dietas altas en CG (una CG de más de 20) tenían el mayor riesgo de cáncer de páncreas.
- Las mujeres con estilos de vida activos que tenían dietas altas en CG tenían un 53 % más de probabilidades de desarrollar cáncer de páncreas que las mujeres activas con dietas bajas en CG.
- Las mujeres con estilos de vida activos y un alto consumo de fructosa tenían un 57 % más de probabilidades de desarrollar cáncer de páncreas que las mujeres activas que tenían dietas bajas en CG.[49]

En Carolina del Norte, se realizó una encuesta para determinar qué alimentos y bebidas preferían los pacientes con cáncer. Un total de 222 pacientes adultos de oncología participaron en la encuesta mientras estaban en una clínica oncológica para recibir tratamiento o en el consultorio del médico para una cita. Los alimentos preferidos por al menos el 50 % de los encuestados incluyeron varios tipos de galletas saladas, rosquillas, zumos de frutas, bizcochos, puré de manzana y gelatina. Las bebidas preferidas por al menos el 50 % de los encuestados incluían agua mineral, café, refrescos y varios zumos.

49. Michaud, D.S., *et al.* «Dietary Sugar, Glycemic Load and Pancreatic Cancer Risk in a Prospective Study». *National Cancer Institute.* Sep. 4, 2000, 94(17), 1293-1300.

¿Dónde está toda esa comida? Se supone que el sistema inmunológico de un paciente con cáncer tiene que trabajar contra el cáncer, no librándose de toda esa porquería de comida. Como hemos visto, el azúcar alimenta al cáncer. Si estas personas tuvieran la información correcta...[50]

Otros estudios sobre los diversos tipos de cáncer han demostrado la relación entre el alto consumo de azúcar y el cáncer. Al menos uno incluyó resultados que relacionan una alta tasa de diabetes tipo 2 con una tasa igualmente alta de cáncer de mama en mujeres.[51]

Los estudios muestran resultados similares en todo el mundo. Una encuesta de cáncer de pulmón en Uruguay demostró que las personas con altas tasas de tabaquismo, ingesta de grasas y de sacarosa tenían un riesgo de cáncer significativamente más alto que las personas con hábitos saludables en esas áreas. El riesgo de la sacarosa por sí sola sigue siendo moderadamente alto.[52]

Los mismos investigadores ampliaron su estudio para incluir el cáncer de colon y descubrieron que una ingesta elevada de sacarosa daba como resultado un riesgo ligeramente de más del doble de desarrollar este tipo de cáncer. La glucosa produjo un riesgo algo menor que la sacarosa. También encontraron un vínculo interesante entre la sacarosa y los altos niveles de ingesta de proteínas. Este riesgo era casi cinco veces mayor que el de la sacarosa o la glucosa sola.[53]

El azúcar no sólo ayuda a que el cáncer comience, sino que también acelera su crecimiento. Un estudio con ratones sobre el cáncer de mama

50. Danhauer, S.C., et al. «A Survey of Cancer Patient Preferences, Which types of Snacks Do They Prefer during Treatment?». *European Journal of Cancer Care.* Enero 2009, 18(1), 37-42. Michels, K.B., et al. «Type-2 Diabetes and Subsequent Incidence of Breast Cancer in the Nurse's Health Study». *Diabetes Care.* Junio 2003, 26(6), 1752-1758.

51. De Stefani, E., et al. «Dietary Sugar and Lung Cancer, a Case-Control Study in Uruguay». *Nutr Cancer.* 1998, 31(2), 132-137.

52. De Stefani, E., et al. «Sucrose as a Risk Factor for Cancer of the Colon and Rectum, a Case-Control Study in Uruguay». *Int J Cancer.* Enero 5, 1998, 75(1), 40-44.

53. Santisteban, G.A., et al. «Glycemic Modulation of Tumor Tolerance in a Mouse Model of Breast Cancer». *Biochem Biophys Res Commun.* Nov. 15, 1995, 132(3), 1174-1179.

demostró que los tumores son sensibles a los niveles de glucosa en sangre. A 68 ratones se les inyectó una cepa agresiva de cáncer de mama y luego se les alimentó con dietas para inducir niveles altos de azúcar en sangre (hiperglucemia), niveles normales de azúcar en sangre (normoglucemia) o niveles bajos de azúcar en sangre (hipoglucemia). Hubo una respuesta dependiendo de la dosis que mostraba que cuanto menor era la glucosa en sangre, mayor era la tasa de supervivencia. Tras setenta días, sobrevivieron 19 de los 20 ratones hipoglucémicos en comparación con los 16 de 24 ratones normoglucémicos y 8 de 24 ratones hiperglucémicos. Los autores del estudio sugieren que regular la ingesta de azúcar es clave para ralentizar el crecimiento del cáncer de mama. Sin embargo, creo que los resultados del estudio hablan alto y claro: los pacientes con cáncer no deberían simplemente regular la ingesta de azúcar. Un paciente con cáncer no debe ingerir azúcar en absoluto, ni debe comer fruta ni beber zumo de frutas.[54]

Permíteme señalar aquí que, si bien el azúcar es el principal culpable de desarrollar cáncer y sucumbir al mismo, el estado mental del paciente tiene casi tanto efecto sobre el cáncer como su dieta. Los investigadores encontraron que las personas sin cáncer que experimentaron un evento que desencadenó una depresión y tristeza a largo plazo y que duraron al menos un año habían aumentado las tasas de cáncer en los siguientes tres años. El estudio llegó a la conclusión de que la ira momentánea u otras emociones negativas casi no tenían ningún efecto sobre las tasas de cáncer, lo que sugiere que el problema es la negatividad no solventada a largo plazo.[55]

## Evitar el cáncer

El cáncer se puede combatir con dieta y con una actitud positiva. Si te diagnostican cáncer, tienes que eliminar todo el azúcar de tu dieta, inclui-

---

54. McClintock, M.K., *et al.* «Cancer risks associated with Life Events and Conflict Solution». *J Gerontol B Psychol Sci Soc Sci.* Marzo 2005, 60(Spec n.º 1), 32-41.

55. Galic, M.A. y Persinger, M.A. «Sucrose Ingestion Decreases Seizure Onset Time in Female Rats Treated with Lithium and Pilocarpine». *Epilepsy & Behavior.* Junio 2005, 6(4), 552-555.

da la fruta, para privar al tumor de todos los azúcares que tanto le gustan. La fruta entera puede ser buena para las personas sanas, pero incluso el azúcar natural de la fruta entera puede alimentar un tumor.

El Plan de Alimentación III (véase página 158) incluye la eliminación de todas las posibles fuentes de azúcar en la dieta: dulces, frutas y, lo más importante, refrescos. Esto ayudará a privar al tumor de su alimento, lo que debería permitir que el tratamiento del cáncer funcione de manera más eficaz. El azúcar alimenta al cáncer, así que conseguir y mantener la glucosa por debajo de 100 mg/dl ayudará a combatir el cáncer y muchas otras enfermedades. El Plan de Alimentación III está diseñado para esto.

También debes recordar pedir todos los resultados cuando te hagan analíticas. Estás a cargo de tu salud. Así verás los resultados de tus análisis de sangre con los niveles de glucosa que puedes comparar de vez en cuando, así como muchos otros factores para utilizarlos como comparativa. También puedes enseñarle tus pruebas a otro médico para una segunda opinión.

Este libro trata principalmente sobre el azúcar, pero las situaciones estresantes también pueden desempeñar un papel notable en el cáncer (como se señaló en el estudio analizado anteriormente). Puedes ingerir la comida perfecta, pero si estás lleno de rabia, miedo u otras emociones negativas, es posible que la comida no se digiera bien. Puede producirse toxicidad y provocar el desarrollo de cáncer y otras enfermedades. Lo que realmente importa no son las situaciones de la vida, sino cómo las manejamos. Resolver esas emociones a través de terapia, escribir un diario, hacer ejercicio, rezar, hacer yoga, meditar o una combinación de todo eso sin duda te ayudará a largo plazo. Es asombroso cómo nos creamos tantas enfermedades nosotros mismos, pero también podemos modificar nuestras vidas para estar sanos.

## Epilepsia: dulce convulsión

Mi investigación sobre los productos finales del azúcar que atacan a las células nerviosas también es, lógicamente, aplicable a la epilepsia y a las convulsiones.

## ¿Qué es la epilepsia?

Según el *Mosby's Medical, Nursing, & Allied Health Dictionary*, la epilepsia es un episodio recurrente de ataques convulsivos, trastornos sensoriales, comportamiento anormal, pérdida del conocimiento o una combinación de todos estos síntomas. Las convulsiones pueden tener lugar muchas veces al día o sólo eventualmente a lo largo de los años.

### LUGARES LEJANOS

Los efectos del azúcar sobre la salud no son exclusivos de los occidentales. En todo el mundo, desde las comunidades del río Amazonas hasta los pueblos de China, la comida occidental ha hecho una entrada estelar en todo el mundo.

Uno de mis mayores placeres es viajar a partes del mundo que apenas salen en el mapa. Por lo general, regreso con historias sobre lo que hice y a dónde fui y lo que traigo: regalos para mis hijos. También recojo todas las telas nativas que puedo encontrar.

Mis hijos esperan historias y telas, especialmente las de colores brillantes, y luego, dado que han estado más o menos conmigo desde el comienzo de mi viaje hacia una vida más saludable, la conversación acaba girando en torno a cómo comen las personas en esos lugares poco modernizados. Yo lamento informarles que el azúcar ha invadido todos los rincones, tanto allí como aquí, la única diferencia es en qué medida.

#### La influencia de Occidente

Las enfermedades degenerativas que han azotado al mundo desarrollado desde la introducción del azúcar están invadiendo las dietas del mundo en desarrollo. Coca-Cola está en todas partes. Se dice que la Coca-Cola, Elvis y Jesucristo son tres de los símbolos más reconocibles del mundo occidental. El marketing estadounidense es responsable de que la Coca-Cola y Elvis alcancen dicha fama.

Cuando veo letreros de neón de Burger King en el centro de Beijing, me pregunto cuándo las autoridades sanitarias chinas se darán cuenta de la conexión entre la dieta occidental y el empeoramiento de la salud en su población. He estado en hospitales en la capital de Papúa Nueva Guinea, donde las tasas de mortalidad por enfermedades cardíacas, cáncer y diabetes son similares a las nuestras. También he podido ir a los hospitales rurales, del mismo país, donde pocas personas padecen estas enfermedades. Trato de explicar a los médicos de los países en vías de desarrollo que regresen a la dieta nativa siempre que sea posible, pero veo el mismo encogimiento de hombros y la misma frustración donde quiera que voy.

Normalmente pensamos en el mundo en desarrollo como lugares donde las enfermedades infecciosas (como la malaria, la tuberculosis y la neumonía) son los problemas principales. El mundo moderno eliminó esas enfermedades con antibióticos hace mucho tiempo, aunque éstas todavía afectan a las aldeas de todo el mundo. Sin embargo, el azúcar es muy adictivo y lo es en todos los países, pero se duplica en cualquier parte del mundo donde la gente carezca de conocimientos esenciales. Un mayor conocimiento sobre la dieta, el ejercicio y el azúcar puede cambiar las cosas para bien. Pero al menos tenemos algunos médicos que saben decirles a sus pacientes que caminen más o que coman más frutas y verduras. Desgraciadamente, sigue habiendo poquísimos médicos que digan a sus pacientes que eliminen el azúcar.

## Efectos en el mundo en vías de desarrollo

Una de mis ideas principales en este libro es que el azúcar y los alimentos procesados y demasiado hechos (cortesía de la dieta occidental) causan estragos en el sistema inmunológico, que nos defiende contra ciertas enfermedades infecciosas y degenerativas. Por lo tanto, si un nativo de una región en vías de desarrollo, que carezca de saneamiento básico y refrigeración, se bebe una Coca-Cola o se come una chocolatina, será más propenso a padecer más enfermedades infecciosas o degenerativas. El sistema inmunológico no puede soportar tantos maltratos y se agota. La falta de saneamiento y refrigeración más una dosis de azúcar puede convertir al cuerpo en un blanco perfecto para las enfermedades.

No soy la única que percibe este cambio en las dietas alrededor del mundo. El 16 de noviembre de 1995, estaba en mi hotel en Trier, Alemania, viendo la CNN. Imagínate mi sorpresa al ver un documental

145

mexicano sobre el efecto que tiene la dieta moderna en el desarrollo prenatal e infantil.

El documental enseñaba fotografías de mujeres embarazadas y obesas, chupando unos tubos largos de plástico con hielo azucarado de colores, es decir, como los polos helados de toda la vida. A estas madres las acompañaban algunos de sus hijos. El reportero decía que un estudio local confirmaba que el desempeño intelectual de los niños nacidos de esas mujeres probablemente nunca alcanzaría su máximo potencial por culpa de la dieta de sus madres. Casi bailo delante de la tele.

El documental continuaba diciendo que se consideraba a esos niños desnutridos porque no ingerían los nutrientes presentes en una dieta normal, que son esenciales para la función cognitiva. Dado que éste ha sido uno de mis objetivos principales, comprenderás lo mucho que disfruté al ver que se reconocía un punto clave de mi programa. El reportero dijo que los padres no podían permitirse comprar arroz y legumbres, y que el agua azucarada los llenaba. No estoy de acuerdo con esa conclusión. Creo que esas mujeres eran adictas al azúcar y no se podían desenganchar.

Una semana después, la CNN volvió a sorprenderme con otro documental de salud, esta vez desde Río de Janeiro. Esencialmente, la historia cubría el cambio de agricultores que cultivaban maíz al cultivo del trigo. En una panadería, se vendían 30 000 panes de trigo al día.

El trigo es más fácil de procesar que el maíz para los productos precocinados, liberando a las mujeres brasileñas de estar siempre en la cocina. La mayoría de estos alimentos precocinados están hechos a base de harina blanca, que es harina de trigo blanqueada para parecer más atractiva. Sin embargo, el proceso de blanqueo del trigo lo despoja, esencialmente, de las vitaminas y nutrientes que lo hacían saludable. Siempre he sospechado que el azúcar blanco añadido al «Bastón de la Vida» (trigo) acelera su transformación en un alimento que debe evitarse.

Además, el maíz no se puede convertir en pan o en productos Por lo tanto, es difícil hacer galletas, pasteles, tortitas, bollos y otras golosinas azucaradas con maíz, pero sin trigo. Ahora que las personas de los países en desarrollo pueden hornear golosinas azucaradas, ingerirán muchos carbohidratos refinados del trigo, que no necesitan. La harina blanca horneada es más difícil de digerir que el trigo cocido.

El Banco Mundial, como organización que proporciona asistencia a los países en desarrollo de todo el mundo, está detrás del proceso de sustitución del trigo en todo el mundo, ya que su principal preocupación es que los países desnutridos coman algo, lo que sea, pero que coman.

## La ironía de todo esto

Lo irónico es que, en mis viajes, la dieta autóctona siempre ha sido mejor para la salud. En China, la dieta nativa es pescado, pollo y arroz. Muchos chinos se pasan el día trabajando en el campo o montando en bicicleta para ir a trabajar a las ciudades. Ese ejercicio físico les ayuda. En África, la dieta es arroz, legumbres, carne y lo que sea. La verdura crece naturalmente por todas partes. En muchos lugares, se come mejor en el campo que en la ciudad porque en el campo la dieta occidental es muy rara, casi no la conocen.

También es irónico que la dieta nativa sea más barata para la mayoría de gente. Las legumbres y el arroz cuestan céntimos el kilo en casi todos los lugares a los que he ido. El problema es que el azúcar es adictivo y, por lo tanto, algunas personas gastarán más dinero del necesario para satisfacer sus antojos. Algunos nativos incluso reconocen el hecho de que tienen un problema de azúcar en su país y que no saben qué hacer para solucionarlo. Me senté frente a muchos curanderos locales que me contaron cuánto trigo y azúcar ha entrado en la dieta de los lugareños. Todos parecen tener la misma sonrisa y aprecian mis conocimientos e investigaciones, pero ponen esa cara de asentimiento que parece decir: «Ya, muy bien, Dra. Appleton, pero cuando descubra cómo convencer a esta gente, entonces me llama».

Mientras tanto, anhelo escuchar esa llamada de otro lugar que aún no haya visto, donde las telas son brillantes y la dieta es algo parecido a lo que antes comía el ser humano. Aunque he comido así en pueblos de todo el mundo, esos alimentos son más difíciles de encontrar cada año gracias al azúcar blanco, la harina refinada, los McDonalds, Jack in the Box y la Coca-Cola.

## Estudios sobre la epilepsia

Una pista de la influencia del azúcar en las convulsiones proviene de un estudio con ratas. Los investigadores añadieron sacarosa a las dietas de ratas hembras que tomaban litio y pilocarpina, medicamentos utilizados para inducir convulsiones. Midieron el tiempo entre las convulsiones posteriores, que se producían con mayor frecuencia con la adicción al azúcar. Dejaré que la conclusión de los investigadores del estudio hable por sí misma: los hallazgos sugieren que una dieta suplementada con azúcar puede facilitar la aparición de convulsiones conductuales en ratas hembras que reciben litio y pilocarpina.[56] Ya hemos comentado cómo los resultados de los estudios en ratas pueden compararse con los resultados que probablemente tendría un estudio similar en humanos.

## Prevenir la epilepsia

La Fundación para la Epilepsia respalda una dieta cetogénica para ayudar a mantener el problema bajo control.[57]

Una dieta cetogénica es una dieta basada principalmente en grasas y proteínas con algunas verduras. No se permite el azúcar en absoluto a las personas que siguen esta dieta. Quien sigue esta dieta ni siquiera puede tomar un medicamento con azúcar. Un profesional médico debe regular siempre la dieta cetogénica. No la recomiendo a una persona que sufra de epilepsia sin el consejo y consentimiento de un especialista en este campo médico. Si crees que esta dieta es adecuada para ti y tu médico no te la recomienda, pide una segunda opinión pero no la hagas por tu cuenta.

La dieta cetogénica suele ser necesaria cuando los anticonvulsivos tradicionales no son eficaces. Para mí, la solución lógica sería probar primero esta dieta para no invadir el cuerpo con medicamentos. Usa medicamen-

---

56. Galic, M.A. y Persinger, M.A. «Sucrose Ingestion Decreases Seizure Onset Time in Female Rats Treated with Lithium and Pilocarpine». *Epilepsy & Behavior.* Junio 2005, 6(4), 552-555.
57. The Epilepsy Foundation. «The Ketogenic Diet». www.epilepsyfoundation.org/ about/treatment/ketogenicdiet/ketoteam.cfm

tos sólo como último recurso. El hecho de que una persona con esta dieta no pueda comer azúcar me dice que el azúcar, definitivamente, juega un papel preponderante en el problema de la epilepsia.

Los médicos convencionales están muy seguros de que la discapacidad mental es permanente. Eso significa que tienes que hacer algo ahora, mientras todavía se pueda poner remedio como leer este libro y comprender la información. No importa si tu mente se va disgregando debido a una constricción vascular (un derrame cerebral clásico) o por demasiada insulina que impide la función mental. Una vez que se va la cabeza, se ha ido para siempre.

Cuando alteramos continuamente la química del organismo, es más probable que contraigas la enfermedad típica de tu familia. Si en tu familia la gente suele desarrollar cáncer, podrías tener una predisposición genética a dicha enfermedad. También puedes tener predisposición a una enfermedad cardíaca o cualquier otra dolencia. Si no alteramos continuamente la química del organismo, no tenemos por qué manifestar esas enfermedades.

Algunos comen azúcar y comida basura, ignoran sus intolerancias y rehúyen su vida emocional. Otros sufren infartos, padecen cáncer o pierden la cabeza lentamente. Creo que la investigación en esta sección demuestra que puedes estar causando la degradación de tu propio cerebro sin saberlo, y el azúcar puede jugar un papel significativo en eso.

## Conclusión

Desgraciadamente, esto es sólo la punta del iceberg. Dado que muchas personas tienen los síntomas y enfermedades que hemos comentado, espero que la información de este capítulo te ayude a comprender por qué el azúcar añadido juega un papel tan devastador en la mayoría de procesos de enfermedades degenerativas. Por supuesto, cuando el azúcar inhibe el sistema inmunológico, también abre la puerta a todas las enfermedades infecciosas.

¿Y ahora qué? Tienes toda la información sobre el azúcar en tu haber. La pregunta es ¿qué vas a hacer con ella? Tienes dos opciones: ignorar todo lo que has aprendido y continuar dañando tu cuerpo, o coger la información y elegir hacer algo al respecto. Nunca es demasiado tarde para mejorar tu vida.

El siguiente capítulo contiene información sobre cómo eliminar el azúcar de la dieta para llevar un estilo de vida más saludable. Toma la decisión acertada: pasa la página y empieza a vivir de manera más sana.

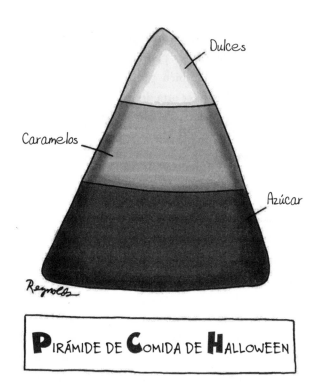

Dulces

Caramelos

Azúcar

PIRÁMIDE DE COMIDA DE HALLOWEEN

# 7

# UN PLAN PRÁCTICO
# PARA AHORA MISMO

E stamos en una época de increíbles avances tecnológicos y abundancia
de material y, sin embargo, el dinero que gastamos en atención médica no nos está brindando una mejor atención médica. Sigue leyendo sobre
esta dicotomía de dinero e investigación médica versus bienestar y atención médica.

En 2005, el gasto total de Estados Unidos en salud aumentó un 6,9 %
con respecto a 2004, dos veces la tasa de inflación. El gasto total fue de
2000 millones de dólares en 2005, o aproximadamente 6700 dólares por
persona. El gasto total en salud representó el 16 % del producto interior
bruto (PIB).[1] Se espera que el gasto en salud en los Estados Unidos siga
aumentando a niveles similares, alcanzando los 4000 millones de dólares
en 2015, o el 20 % del PIB.[2]

El gasto sanitario en los Estados Unidos es 4,3 veces mayor que el gasto en defensa nacional. Aunque casi 47 millones de estadounidenses no
tienen seguro, Estados Unidos gasta más en atención médica que otras

---

1. Catlin, *et al.* «National Health Spending in 2005». *Health Affairs.* 2006, 26(1),
   142-153.
2. Borger, C., *et al.* «Health Spending Projections Through 2015, Changes on the
   Horizon». *Health Affairs Web Exclusive.* W61.

naciones industrializadas, y esos países brindan seguro médico a todos sus ciudadanos.[3]

El gasto en salud representó el 10,9 % del PIB en Suiza, el 10,7 % en Alemania, el 9,7 % en Canadá y el 9,5 % en Francia, según la Organización para la Cooperación y el Desarrollo Económicos. Es una información aterradora.

No mejoran las cosas cuando leemos sobre la esperanza de vida y la mortalidad infantil. En 2006, los registros de las naciones con mayor población mostraron que los japoneses son los que viven más tiempo, con una esperanza de vida de 82,2 años. Después de Japón, iban muchos países, incluidos Singapur, Hong Kong, Australia, Nueva Zelanda, Israel y Canadá. Estados Unidos estaba en la lista en el número 45 con una esperanza de vida de 78 años.[4]

Continuando con esta triste historia, las tasas de mortalidad infantil no son mejores. Singapur tiene la tasa más baja de mortalidad infantil, con sólo 2,3 muertes por cada 1000 nacidos en 2006. Los mismos países que viven más tiempo están por delante de nosotros en estas estadísticas. Pero hay algunos otros países cuya mortalidad infantil es menor que la nuestra que quizás no hayas adivinado. Son Eslovenia, Corea del Sur y Cuba. Es casi vergonzoso pensar que esos países pierden menos bebés que nosotros en el parto, con todos nuestros gastos, nuestros médicos tan capacitados y con tanta investigación. Estados Unidos ocupó el puesto 41 con 6,4 muertes por cada 1000 nacidos. Me parece que debemos de estar haciendo algo mal.[5]

Quizás te interese saber cuáles son los países más obesos del mundo. El más gordo es Nauru, uno de los países más pequeños del mundo, una isla de coral de 13 km$^2$ que se encuentra al sur del ecuador, cerca de Papúa Nueva Guinea. Es una isla muy rica por sus recursos de fosfato. Por su-

3. The National Coalition on Health Care. «Health Insurance Costs». www.nchc. org/ facts/cost.shtml

4. Pear, R. «U.S. Health Care Spending Reaches All Time High, 15 % of GDP». *The New York Times.* Enero 9, 2004, 3.

5. U.S. Census Bureau, International Database. Shown on Website, Infoplease.* www.infoplease.com/pa/A0934746.html

puesto, la riqueza trae azúcar y comida basura. La mayoría de las otras naciones con ciudadanos que pesan más que los estadounidenses son islas pequeñas y también Kuwait. Estados Unidos tiene el 74,1 % de la población con sobrepeso. Es el número 9 en una lista de veinte de los países más gordos del mundo. Estas estadísticas se basan en personas de quince años o más. La única otra nación desarrollada en la lista es Argentina. No hay países europeos en la lista.

Se considera que las personas tienen sobrepeso si su IMC está entre 25 y 29,9, y se las considera obesas si su IMC es 30 o superior.[6] (Para más información sobre el IMC, *véase* la página 69).

Creo que estas estadísticas tienen mucho que ver con el azúcar, por eso las he incluido. El azúcar es el principal problema, pero el resto de nuestros patrones de alimentación y factores de estilo de vida también influyen.

Ya has leído anteriormente que comemos mucho azúcar, alrededor de 65 kg de azúcar por persona y año. El Gobierno de los Estados Unidos subsidia el azúcar con una suma de alrededor de 2000 millones de dólares anuales.[7] En esencia, todos estamos ayudando a pagar estos problemas.

En el Capítulo 2, viste 140 problemas que puede causar el azúcar (*véase* página 25). Eso demuestra los efectos del azúcar en nuestra salud y en nuestro bolsillo. Me parece bastante evidente que esta sustancia debe eliminarse de nuestra dieta tanto como sea posible.

El Dr. Linus Pauling, ganador del Premio Nobel de Química e investigador y escritor en el campo de la salud, dijo una vez: «Si tuviera que eliminar un alimento de mi dieta, sería el azúcar». Buena idea, Dr. Pauling.

---

6. U.S. Census Bureau, International Database. Shown on Website, Infoplease.* www.infoplease.com/pa/A0934744.html

7. World Health Organization. Shown on Website, Infoplease.* www.infoplease.com/world/statistics/obesity.html

# Rompiendo la adicción al azúcar

Existen numerosas formas de acabar con una adicción. La más común, dejarla de golpe, es un fracaso seguro. El síndrome de abstinencia puede ser abrumador y hacer que el paciente vuelva al azúcar para aliviar sus ansias.

Es mejor salir de la adicción progresivamente. Intenta restringir el azúcar de todas las fuentes a la mitad. Eso significa la mitad de azúcar en el café, té o limonada. No compres los alimentos en los que el azúcar viene de serie. Intenta preparar tu propia comida. Hazlo durante una semana.

La segunda semana, intenta limitarte a un solo bocado de la comida dulce que quieras comer, y luego aparta el plato. Hace muchos años, cuando quise ayudar a mis hijos a dejar de comer azúcar, empecé limitándolos a un postre al día. Usé la progresión mencionada anteriormente hasta que eliminé por completo el azúcar en mi casa. Como era de esperar, volvieron a introducir azúcar en sus dietas fuera de casa, pero me aseguré de que vinieran a comer a casa al menos dos veces al día, así que llevaba las de ganar.

Es importante recordar que el bienestar emocional también afecta a la salud. Culparte a ti mismo por tus antojos no te ayudará con el problema. Estar triste o deprimido puede provocar niveles bajos de serotonina u otros neurotransmisores, que pueden causar más antojos. Por lo tanto, enfadarse contigo mismo por no poder resistir un antojo puede, a su vez, causar antojos en el futuro.

Algunas adicciones son tan fuertes que no se pueden vencer utilizando únicamente la fuerza de voluntad y la resistencia. En estas situaciones, un programa de doce pasos puede ayudar. Se encuentran prácticamente en cualquier lugar civilizado. Dos grupos de gente que tienen programas de doce pasos pueden ser particularmente útiles para los adictos al azúcar: Food Addicts Anonymous (FAA) y Food Addicts in Recovery Anonymous (FA). (Para más información sobre estos grupos, *véanse* Fuentes en las páginas 193-194). He estado en algunas reuniones y he visto que estos grupos ofrecen ayuda a largo plazo para los adictos al azúcar.

Como dijo Mark Twain sobre sus puros: «Dejar de fumar es fácil. Lo he hecho muchas veces». Dejé el azúcar más veces de las que me hubiera gustado.

Pero yo no sabía tanto como tú sobre lo que me estaba haciendo ese veneno. Además, no había grupos de apoyo, como los hay actualmente, para ayudarme en el camino.

## Consejos para una vida saludable

Quiero brindar algunas sugerencias porque me parece que gran parte del daño del azúcar puede revertirse. Dedico mucho tiempo al azúcar porque es el culpable obvio en nuestra sociedad. Hay otras formas de alterar la química de tu cuerpo (mental, emocional, física, ambiental, etc.) pero siempre vuelvo a la dieta y al azúcar, dado el daño masivo que le hace.

La mayoría de la gente necesita trabajar primero su hábito con el azúcar. Después de haberlo eliminado, si comprendes los siguientes principios, tendrás una base sólida para mantener una buena salud:

- Tras un deterioro de la salud, la forma en que el cuerpo responde a la atención médica adecuada depende de la capacidad de la química corporal para reequilibrarse.
- La química corporal puede desequilibrarse rápidamente. Dependiendo de las habilidades de adaptación de un individuo, la química puede permanecer desequilibrada o reequilibrarse con la misma rapidez.
- Tanto la enfermedad como la buena salud son el resultado de la condición de la química del cuerpo. Los problemas de salud son el resultado de una química desequilibrada, que resulta de minerales faltos de relaciones adecuadas.
- El alcance de cualquier deterioro de la salud está determinado por el grado y la duración del desequilibrio químico.
- La única diferencia entre una persona sana y una persona enferma es que la persona sana puede reequilibrar eficazmente la química de su cuerpo.

- Mediante elecciones conscientes e inconscientes, puedes controlar el equilibrio químico del organismo.

Comprender y actuar de acuerdo con estos principios te ayudará a recuperar y mantener una buena salud.

Todos somos únicos y cada persona responde de manera diferente a diversas terapias. Para algunos, unas modificaciones simples en el estilo de vida pueden mejorar enormemente su salud. Otros necesitan más ayuda para buscar los métodos adecuados que ayuden a que sus organismos se recuperen.

## Pruebas de homeostasis

Otro aspecto para mantenerse sano es determinar qué alimentos tienen más probabilidades de alterar la química individual de cada cuerpo. El kit de monitoreo corporal puede ayudarte a descubrir cuáles son dichos alimentos. También puede mostrar cómo está tu salud. Aprenderás qué alimentos digieres correctamente y si el estrés en tu vida se está convirtiendo en angustia y alterando tu organismo.

La prueba funciona midiendo la cantidad de calcio en la orina. Permite saber si estás secretando demasiado, muy poco o una cantidad normal de calcio. El calcio sólo funciona en relación con el fósforo, por lo que si no hay calcio en la orina significa que hay demasiado fósforo, y demasiado calcio en la orina significa que no hay suficiente fósforo. Un resultado normal significa que estos minerales están en equilibrio.

Si bien la prueba solamente verifica el calcio, es una suposición segura que cualquier resultado anormal significa que todos los minerales están desequilibrados. Un resultado de calcio normal significa que el cuerpo está en homeostasis y que las vitaminas, minerales y enzimas funcionan correctamente.

El kit viene con instrucciones que explican su uso.

# Planes de alimentación

Los siguientes planes de alimentación son eficaces para ayudar al organismo a lograr y mantener la homeostasis. Puedes comenzar por seguir comiendo lo mismo que has estado comiendo y luego usar el kit de monitoreo corporal para ver si tu cuerpo está en homeostasis. Si está en homeostasis antes y después de ingerir tus alimentos habituales, sabrás que lo que ingieres se digiere y metaboliza correctamente. Si no ves homeostasis, te sugiero que empieces con el Plan de Alimentación I y veas si eso te devuelve a la homeostasis. Si no es así, continúa con el Plan de Alimentación II y, si es necesario, con el III. El folleto que viene con el kit, *Cómo controlar tu salud básica*, es mucho más detallado y te brinda sugerencias específicas. Aquellos que no dispongáis del kit, debéis seguir los planes de alimentación. Incluso si no realizas la prueba para ver si tu cuerpo está en homeostasis, seguirás comiendo de manera saludable y probablemente te sentirás mejor de lo que te has sentido en mucho tiempo.

Si experimentas síntomas como dolores de cabeza, dolores en las articulaciones, fatiga general (especialmente después de las comidas) y presión arterial alta, o si tienes una enfermedad degenerativa, puedes comenzar siguiendo el Plan de Alimentación III. Si tras una semana aún no has recuperado y mantenido la homeostasis, te sugiero que hagas una dieta de zumo verde durante dos días y luego te hagas la prueba nuevamente. Puedes comprar zumos verdes en las tiendas naturistas o puedes prepararlos en casa con una batidora. Puedes usar apio, zanahorias, espinacas, col rizada o cualquier verdura verde, y mezclarlo con un poco de zumo de zanahoria o con agua. Toma aproximadamente un cuarto de litro de zumo al día y bebe mucha agua durante toda la jornada.

Ten en cuenta que, al seguir los planes de alimentación, puedes experimentar síntomas de abstinencia causados por la eliminación de los alimentos adictivos de tu dieta. Estos síntomas pueden incluir fiebre, depresión, dolores de cabeza, escalofríos, ira y fatiga. Para algunas personas, estos síntomas pueden durar dos o tres días, pero otras pueden sentirlos hasta una semana.

Todos los planes se refieren a alimentos de las diferentes listas de categorías que comienzan en la página 160 y que vienen a continuación de los planes alimentarios. Asegúrate de consultar estas listas.

## Plan de Alimentación I

- Evita todos los alimentos y sustancias de las Categorías IV y V. Come todos los demás alimentos.
- Continúa con esta dieta durante siete días y evalúa tus síntomas o tus análisis de orina. La falta de resultados significa que la química del cuerpo puede requerir un plan de alimentación más estricto. Si es el caso, es posible que debas probar el Plan de Alimentación II.

## Plan de Alimentación II

- Evita todos los alimentos de las Categorías III, IV y V. Consume sólo los de las Categorías I y II.
- Continúa con esta dieta durante siete días y evalúa tus síntomas o tus análisis de orina. Los malos resultados sugieren que puede ser el momento de pasar al Plan de Alimentación III.

## Plan de Alimentación III

Si estás considerando este plan, tu organismo desequilibrado necesita ayuda seria para encontrar alimentos que no le hagan daño. Este plan está diseñado para proporcionar al cuerpo nutrientes completos en su mejor forma. La mayoría de las personas pueden digerir, metabolizar y asimilar fácilmente los alimentos de este plan. Los procedimientos y alimentos contemplados aquí son los menos estresantes para la química del organismo.

- Durante catorce días, come sólo alimentos de la Categoría I. Toma una porción pequeña de cada grupo de alimentos cuatro o cinco veces al día.

- Sigue los hábitos alimentarios saludables que verás más adelante en este capítulo y que comienzan en la página 165.
- Si después de catorce días todavía no sientes alivio de los síntomas, es probable que necesites ayuda profesional. Busca un médico cualificado que pueda analizar tu sangre para detectar sensibilidad a los alimentos.

*Sugerencias simples para desayunos y refrigerios*

Las personas que están en el Plan de Alimentación III a veces tienen problemas con el desayuno. Antes de recuperar la salud, yo desayunaba pastel de chocolate. Ahora, mi patrón de pensamiento es el siguiente: si hace muchos años podría comer pastel de chocolate en el desayuno, ¿por qué no iba a poder desayunar verdura ahora? Ninguno de estos alimentos encaja en el patrón habitual de desayuno. Ahora no puedo vivir sin las verduras en el desayuno. Aquí hay algunas sugerencias que puedes probar:

- Patata al horno con mantequilla, guacamole o puré de judías.
- Patatas cocidas, refrigeradas durante la noche, cortadas en rodajas y salteadas con mantequilla.
- Arroz hervido con mantequilla.
- Tortita de maíz con mantequilla, tomate, huevo revuelto y/o guacamole.
- Crema de arroz con mantequilla.
- Arroz con zanahorias y cebollas ralladas, guisantes, habas y mantequilla (mi favorito).
- Avena con mantequilla (no avena instantánea).
- Una taza de palomitas de maíz con mantequilla.
- Tortilla de un huevo con tomate y verduras en rodajas.
- Un huevo ranchero con tortita de maíz (*véase* receta en la página 167).
- Tortas de arroz con rodajas de aguacate, tomate, cebolla, pimiento verde o pepino.
- Boniato al vapor con mantequilla (también está bueno frío).

## Categorías de alimentos

Los vegetarianos y veganos pueden eliminar a su gusto los alimentos de las listas de pescado y carne/aves de corral. Si eres vegetariano o vegano, debes recordar comer más alubias mezcladas con cereales para obtener una proteína completa. Si sigues una dieta de tipo metabólico o si comes de acuerdo con tu tipo de sangre, también puedes utilizar estos planes de alimentación con facilidad. De hecho, no importa qué tipo de dieta hagas porque siempre puedes utilizar estos planes de alimentación.

### Categoría I

Cuando se preparan estos alimentos y se comen adecuadamente, las personas con una química corporal desequilibrada toleran mejor los que aquí se describen. Elimina cualquier alimento reactivo (alimentos a los que reaccionas negativamente o alimentos a los que eres intolerante o alérgico).

### Verduras de hoja verde

| | | |
|---|---|---|
| Alcachofa | Col rizada | Espinacas |
| Col | Coles de Bruselas | Lechuga (de todo tipo) |

### Verduras verdes

| | | |
|---|---|---|
| Aguacate | Brócoli | Okra |
| Alfalfa | Espárragos | Tirabeques |
| Apio | | |

### Tubérculos

| | | |
|---|---|---|
| Cebollas | Nabo | Rábano |
| Chirivía | Patata | Rutabaga |
| Jícama | | |

### Verduras blancas y amarillas

| | | |
|---|---|---|
| Calabacín | Maíz | Pepino (de todo tipo) |
| Coliflor | | |

**Verduras anaranjadas/violetas/rojas**

| | | |
|---|---|---|
| Berenjena | Calabaza | Tomate |
| Boniato | Remolacha | Zanahoria |

**Hierbas y especias**

| | | |
|---|---|---|
| Aceite de cártamo | Eneldo | Orégano |
| Aceite de girasol | Escaramujo | Perejil |
| Aceite de oliva | Estragón | Pimienta negra |
| Aceite de sésamo | Hoja de laurel | Rábano picante |
| Ajo | Jengibre | Romero |
| Albahaca | Lima | Salvia |
| Cebolleta | Limón | Tapioca |
| Chile | Manteca | Tomillo |
| Cilantro | Mostaza | |
| Comino | Nuez moscada | |

**Pescado**

| | | |
|---|---|---|
| Almeja | Gambas | Platija |
| Anchoa | Halibut | Salmón |
| Atún | Lenguado | Sardina |
| Bacalao | Lubina | Tiburón |
| Bagre | Ostra | Trucha |
| Caballa | Pargo | Vieira |
| Cangrejo | Perca | Cualquier otro pescado |
| Eglefino | Pez espada | |

**Carnes /aves**

| | | |
|---|---|---|
| Bacon | Hígado (de ternera o de pollo) | Pollo |
| Cerdo | Huevos | Ternera |
| Cordero | Pato | Venado |
| Faisán | Pavo | |

## Legumbres y cereales

| | | |
|---|---|---|
| Alforfón | Cebada | Judías rojas |
| Alubia carilla | Centeno | Judías verdes |
| Arroz blanco | Garbanzos | Lentejas |
| Arroz integral | Guisantes partidos | Mijo |
| Arroz salvaje | Guisantes verdes | Poroto blanco |
| Avena | Habas | Quinoa |
| Azukis | Judías blancas | Soja |
| Brotes de lima | Judías negras | |
| Brotes de soja | Judías pintas | |

*Categoría II*
Algunas sustancias químicas del organismo son sensibles a estos alimentos que de otro modo serían saludables.

## Frutas

| | | |
|---|---|---|
| Albaricoques | Guayaba | Peras |
| Arándanos | Higos | Piñas |
| Cantalupo (tipo de melón) | Manzanas | Plátanos |
| Cocos | Melocotones | Sandía |
| Dátiles | Melón | Uvas |
| Frambuesas | Nectarinas | |
| Fresas | Papayas | |

## Frutos secos /semillas

| | | |
|---|---|---|
| Almendras | Nueces de macadamia | Semillas de amapola |
| Avellanas | Nueces de nogal | Semillas de cártamo |
| Castañas | Nueces pecanas | Semillas de sésamo |
| Nueces | Pipas de girasol | Tahin |
| Nueces de Brasil | Pistachos | |

## Hierbas y especias

| | | |
|---|---|---|
| Achicoria | Crema tártara | Matalauva |
| Clavo | Hierbabuena | Pimentón |

Cocinar en exceso, comer en exceso e ingerir alimentos con azúcar ha convertido a estos alimentos, normalmente bien tolerados, en alimentos potencialmente perjudiciales en algunas personas, incluso en aquellas que ya han comprometido sus sistemas debido al abuso continuo.

**Cereales**

| | | |
|---|---|---|
| Centeno | Harina blanca | Salvado de trigo |
| Espelta | Integral | |
| Germen de trigo | Kamut | |

**Lácteos**

| | | |
|---|---|---|
| Leche de vaca | Queso crema | Suero de mantequilla |
| Quesos (todo) | Suero | Yogur |

**Levaduras**

| | | |
|---|---|---|
| Hongos | Levadura de cerveza | Levadura de panadería |

**Fruta**

| | | |
|---|---|---|
| Mandarina | Naranja | Pomelo |
| Mango | | |

**Frutos secos/semillas**

| | |
|---|---|
| Anacardos | Cacahuetes |

**Varios**

| | | |
|---|---|---|
| Algarroba | Lúpulo | Sal |
| Café, normal | Maizena | Té descafeinado |
| Café descafeinado | Melaza | Té, normal |
| Canela | Menta | Vainilla |
| Curry | Nuez de cola | |

## Categoría IV

Estos alimentos generalmente son reactivos para todo el mundo. Sólo aquellos con habilidades especiales de adaptación se equilibrarán tras una ingesta frecuente de estos alimentos. Cuantos más alimentos de la Categoría IV consumas, más rápido se producirá el deterioro de la química orgánica.

| | | |
|---|---|---|
| Alcohol | Caña de azúcar | Sacarina |
| Azúcar de arce | Fructosa | Sirope de arroz |
| Azúcar de maíz | Malta | Sirope de maíz |
| Azúcar de remolacha | Malta de cebada | Todas las demás formas |
| Cacao | Miel | de azúcar |

## Categoría V

Los elementos de esta lista son sustancias con efectos similares a los de la Categoría IV, pero con un valor nutricional aún menor. Hay medicamentos, conservantes, rellenos y colorantes que se encuentran en los alimentos procesados. Úsalos con moderación o, mejor aún, nada. ¡Lee las etiquetas!

| | | |
|---|---|---|
| Aspirina | Drogas (todas)* | Paracetamol |
| Bebidas energizantes | Formaldehído | Subproductos del |
| Bebidas para | Glutamato | petróleo |
| deportistas | monosódico | Tabaco |
| Bebidas sin alcohol | Hidroxotolueno | |
| Benzonato de sodio | butilado | |
| Colorante alimenticio | Ibuprofeno | |

*\* Sin receta, con receta o en la calle*

# Hábitos de comida saludables

Independientemente del plan de alimentación que sigas, asegúrate de observar los siguientes hábitos alimentarios saludables.

* Pregúntate: «¿Afectará esto a la química de mi cuerpo?».
* Mastica cada bocado veinte veces.
* Consume porciones fácilmente digeribles.
* No cuezas demasiado la comida.
* No ingieras alimentos con líquidos: traga y luego bebe.
* Si estás emocionalmente alterado o perturbado, come porciones más pequeñas y mastica más tiempo; mejor aún, espera para comer.
* En lugar de comidas abundantes con menos frecuencia, toma comidas pequeñas con más frecuencia.
* Reparte el plato de manera equilibrada entre alimentos cocidos y crudos.

Es mejor comer porciones pequeñas de muchos alimentos que una gran porción de un solo alimento. Seguir estos hábitos alimenticios disminuirá los desequilibrios de la química corporal y facilitará una digestión y un uso más eficiente de los nutrientes. Además, apoyarás la capacidad de tu cuerpo para reequilibrarse y mejorarás tu respuesta a la atención médica en caso de necesitarla.

# Recetas para aplacar las ansias de dulce

Todas las recetas de este libro se pueden utilizar con el Plan de Alimentación III, que es la dieta más estricta. No contienen azúcar de ningún tipo, ni contienen fruta, zumos de frutas, frutos secos, semillas, cereales ni lácteos, salvo mantequilla y algo de nata líquida. El problema de los productos lácteos es que contienen lactosa, a la que muchas personas tienen una reacción adversa que se llama intolerancia. Hay muy poca lactosa en la mantequilla y en la nata.

En lugar de usar mantequilla normal en las recetas, también puedes usar aceite de oliva o ghee, que no contienen leche. Puedes comprar ghee o hacer el tuyo propio, porque es muy simple. Calienta a fuego lento la mantequilla, en una sartén, durante cinco minutos aproximadamente, hasta que se forme una espuma (los sólidos de la leche) en la parte superior. Retira la sartén del fuego y deja que se enfríe. Quita la espuma de la parte superior. Lo que queda es ghee.

Si quieres utilizar un edulcorante en algunas de estas recetas, te recomiendo la Stevia, un edulcorante natural, no calórico, que viene en forma líquida, en polvo y en pastillas. (Asegúrate de no usar ninguno de los azúcares de la página 21). Creo que la Stevia líquida es la más fácil para controlar la dulzura añadida a los alimentos y bebidas. Sin embargo, cada persona es diferente y lo mejor es usar la forma de Stevia que mejor te funcione. La Stevia está disponible en las tiendas dietéticas y en muchos supermercados.

# HUEVOS RANCHEROS

(Está en Sugerencias de desayuno para el Plan de Alimentación III, página 159).

## CANTIDAD: 1 RACIÓN

1 torta de maíz
2 cucharaditas de mantequilla
1 huevo
Rodajas de aguacate para decorar

1. Escalfar el huevo.
2. Mientras el huevo se cuece, derrite la mantequilla en una sartén a fuego medio. Añade la torta y cuece alrededor de un minuto por cada lado.
3. Coloca la torta en un plato, añade el huevo escalfado y cubre con salsa caliente (*véase* la receta a continuación). Adorna con rodajas de aguacate y sirve.

### SALSA

*La deliciosa salsa es un componente importante de los huevos rancheros. Esta receta de salsa rinde aproximadamente 2,5 tazas (suficiente para cuatro o cinco raciones). Usa lo que necesites y guarda el resto en la nevera, donde se conservará durante al menos una semana.*

Lata de ½ kilo de tomates al natural
2 chiles jalapeños (o al gusto)
¼ de cucharadita de sal
¼ de cucharadita de ajo picado
1 cucharadita de aceite de oliva
½ taza de cebolla picada
2 cucharadas de cilantro fresco picado

1. Para hacer la salsa, coloca los tomates, los pimientos, la sal, el ajo y el aceite en una batidora y presiona hasta que resulte un puré ligeramente grueso. Transfiere a un bol y añade la cebolla y el cilantro.
2. La salsa se puede servir fría o caliente. (Para la receta anterior de huevos rancheros, calienta ½ taza de salsa y viértela sobre los huevos rancheros).

# TARTA SQUASH

## CANTIDAD: 4 RACIONES

6 tazas de calabaza rallada gruesa (kobacha, delicata, butternut, etc.)
½ cucharadita de jengibre en polvo
¼ de cucharadita de canela en polvo
¼ de cucharadita de cilantro en polvo
¼ de cucharadita de cardamomo en polvo
½ barra de mantequilla, ablandada
4 tortas de arroz*
*Disponible en tiendas bio y supermercados*


1. Precalienta el horno a 170 °C.
2. Coloca la calabaza, el jengibre, la canela, el cilantro y el cardamomo en un bol y remueve para mezclar bien.
3. Coloca una de las tortas en un molde de unos 20 cm engrasado con mantequilla y cubre con 2 tazas de la mezcla de calabaza. Coloca otra torta encima, unta con mantequilla y repite las capas hasta terminar la masa con la última torta encima.
4. Unta la parte superior de la torta con mantequilla y cúbrela con papel de plata.
5. Hornea a 170 °C durante 30 minutos, luego destapa y hornea otros 30 minutos, o hasta que la parte superior esté dorada y crujiente.
6. Corta la tarta en cuartos y sirve tal cual o con nata líquida por encima.

Receta adaptada de Mil Kregu; Fundación Tierra Miguel (tierramiguelfarm. org).

# TORTITAS DE BONIATO

## CANTIDAD: APROXIMADAMENTE DE 16 A 20 TORTITAS

1 boniato grande, rallado
1 patata grande (aproximadamente del mismo tamaño que el boniato), rallada
1 cebolla mediana, picada
1 zanahoria pequeña, rallada
2 huevos ligeramente batidos
2 cucharadas de harina de arroz
Pimienta negra recién molida (al gusto)
Nuez moscada recién rallada (al gusto)
¼ de taza de aceite de sésamo, coco u oliva

1. Mezcla las patatas ralladas, las cebollas y las zanahorias en un colador y déjalas escurrir durante una hora. Mete todo en un bol, añade todos los ingredientes restantes, salvo el aceite, y mezcla bien. Si la masa está demasiado aguada, añade más harina de arroz.
2. Calienta el aceite en una sartén grande a fuego medio. Añade porciones de ¼ de taza de la mezcla a la sartén caliente. Cuece hasta que la base esté dorada, luego dale la vuelta y cuece para que se dore por el otro lado.
3. Disfruta de las tortitas calientes, tibias o a temperatura ambiente.

Receta adaptada del libro *Dr. Jo's Natural Healing* de Bessie Jo Tillman, MD (www.dr-jo-md.com).

# REMOLACHA AL HORNO

## CANTIDAD: 4 RACIONES

4 remolachas medianas o 2 grandes
½ taza de nata líquida

1. Precalienta el horno a 170 °C.
2. Frota la piel de las remolachas y colócalas en una fuente para horno. (Si usas remolachas grandes, córtalas por la mitad). Hornea durante 45 minutos o hasta que estén tiernas. Retira y deja enfriar hasta que estén lo suficientemente templadas como para manipularlas.
3. Ralla las remolachas con los agujeros grandes de un rallador (la piel no pasará por los agujeros).
4. Coloca cantidades iguales de remolacha rallada en cuatro vasos de sorbete o de txacolí. Cubre con nata líquida y sirve.

Variación: En lugar de nata líquida, prueba a echar nata espesa sobre las remolachas.

Receta adaptada del libro de cocina sin levadura *Candida Albicans Yest-Free Cookbook* de Pat Connolly & Associates, de la Price-Pottenger Nutrition Foundation (www.ppnf.org).

# MUFFINS DE ZOILA CON MIJO Y BONIATOS

## CANTIDAD: 6 MUFFINS

1 taza de boniato triturado
½ taza de aceite de oliva
1 taza de harina de mijo
1 cucharadita de canela
¼ de cucharadita de sal marina
Una pizca de bicarbonato de sodio

1. Precalienta el horno a 170 °C.
2. Coloca los boniatos y el aceite en un bol y remueve hasta que estén bien mezclados.
3. En un recipiente aparte, mezcla la harina, la canela, la sal y el bicarbonato de sodio. Añade a la mezcla de boniato y remueve para formar una masa suave. Si la masa es demasiado espesa, añade leche de arroz sin azúcar, una cucharada cada vez, hasta que tenga una consistencia suave.
4. Coloca la masa en un molde engrasado para muffins estándar de 6 unidades. Hornea de 50 a 60 minutos, o hasta que al insertar un palillo en el centro de un muffin salga limpio.
5. Enfría los muffins unos 10 minutos antes de sacarlos del molde. Sirve tibio o a temperatura ambiente.

Receta adaptada de Natasha Zarrin, graduada del Natural Gourmet Institute, NYC (www.naturalgourmetschool.com).

# RICA MOUSSE DE AGUACATE
# Y ALGARROBAS

## CANTIDAD: 2 RACIONES

1 aguacate maduro, pelado y deshuesado
6 cucharaditas de algarrobas en polvo
2 cucharadas de nata líquida espesa
½ cucharadita de extracto de vainilla


1. Pon todos los ingredientes en una batidora y mezcla a alta velocidad hasta que quede suave. Para una textura más ligera, añade más nata líquida, 1 cucharadita cada vez hasta que se alcance la textura deseada.
2. Vierte la mousse en dos vasos de txacolí y sirve.

Receta adaptada de Mil Kregu; Fundación Tierra Miguel (tierramiguelfarm. org).

# HOJALDRE DE ZANAHORIA

## CANTIDAD: 4 RACIONES

2 tazas de zanahorias picadas
2 cucharadas de mantequilla
1 taza de cebolla picada
1 huevo, separado
¼ de cucharadita de sal
Una pizca generosa de clavo molido
4 gajos de limón

1. Precalienta el horno a 170 °C.
2. Unta con mantequilla un molde para pan de aproximadamente 22 x 12 cm y reserva. Cuece las zanahorias al vapor unos 20 minutos o hasta que estén muy tiernas.
3. Derrite la mantequilla en una sartén pequeña a fuego medio-bajo. Añade las cebollas y cuece unos 5 minutos o hasta que estén tiernas.
4. Coloca las zanahorias y las cebollas en una batidora y haz un puré. También puedes usar un pasapurés.
5. Mete el puré en un bol junto con la yema de huevo, la sal y los clavos, y mezcla hasta que quede suave. En un recipiente aparte, bate la clara con el puré de zanahoria.
6. Vierte la mezcla en el molde y hornea de 20 a 25 minutos, o hasta que un palillo insertado en el centro salga limpio.
7. Saca porciones del hojaldre caliente y sirve con rodajas de limón.

Receta adaptada del libro de cocina sin levadura *Candida Albicans Yeast Free Cookbook* de Pat Connolly & Associates, del Price-Pottenger Nutrition Foundation (www.ppnf.org).

# POSTRE DE REMOLACHA

## CANTIDAD: 4 RACIONES

5 remolachas medianas
3 zanahorias medianas, cortadas en trozos
¼ de taza de nata líquida espesa
½ cucharadita de vainilla
¼ de cucharadita de sal

1. Coloca las remolachas y las zanahorias en una olla grande y cúbrelas con agua. Lleva a ebullición a fuego fuerte y luego reduce a fuego lento; tápalo y cuece a fuego lento de 25 a 30 minutos o hasta que las remolachas estén tiernas.
2. Destapa y continúa cociendo a fuego lento, removiendo ocasionalmente, durante otros 20 o 30 minutos, hasta que el líquido se reduzca un poco. Retira las remolachas de la olla (reserva un poco del agua de cocción) y deja enfriar. Cuando las remolachas estén lo suficientemente frías para manipularlas, pélalas.
3. Mete las remolachas y las zanahorias en la batidora; añade la nata, la vainilla, la sal y aproximadamente 2 cucharadas del agua de cocción. Pulsa hasta obtener la textura deseada.
4. Colócalo en tazones y sírvelo.

Receta adaptada del libro de cocina sin levadura *Candida Albicans Yeast Free Cookbook* de Pat Connolly & Associates, del Price-Pottenger Nutrition Foundation (www.ppnf.org).

# PUDIN DE ARROZ CON COCO

## CANTIDAD: DE 6 A 8 RACIONES

2 tazas de arroz cocido
Lata de 400 ml de leche de coco
½ cucharadita de extracto de vainilla
¼ de cucharadita de canela molida, nuez moscada, cilantro o cardamomo

1. Combina todos los ingredientes en una olla a fuego medio-alto. Lleva a ebullición, luego reduce a fuego lento y cuece removiendo con frecuencia, durante unos 30 minutos o hasta que la mezcla espese y el arroz esté suave y tierno. Si se absorbe todo el líquido pero el arroz aún está duro, añade más agua, ¼ de taza a la vez, y continúa cociendo a fuego lento hasta alcanzar la textura deseada.
2. Retira del fuego y deja enfriar un poco; luego métalo en un bol para servir o en tazones individuales.
3. Sirve caliente o frío.

Receta adaptada de Mil Kregu; Fundación Tierra Miguel (tierramiguelfarm. org).

# HELADO DE COCO

## CANTIDAD: 3 RACIONES (MEDIA TAZA)

Lata de 400 ml de leche de coco
200 ml de nata líquida espesa
250 g de aceite de coco (opcional, para añadir sabor a coco)
1 cucharada de extracto de vainilla
1 o 2 cucharadas de coco sin azúcar (opcional)

1. Mezcla todos los ingredientes en un bol, tapa y coloca en el congelador. (También puedes dividir la mezcla en tres o cuatro recipientes pequeños). Cada pocas horas, remueve la mezcla hasta que esté completamente helada.
2. Antes de servir el helado, métlo en el refrigerador por unas horas para que se ablande un poco.


# MASA PARA TARTAS

## CANTIDAD: MASA DE 22 cm

⅓ de taza de harina de cebada
⅓ de taza de harina de arroz
⅓ de taza de harina de quinoa
½ taza de mantequilla derretida

1. En un bol mediano, mezcla las harinas. Añade la mantequilla y remueve con un tenedor hasta que se forme una masa húmeda (no empapada). (Si la mezcla está demasiado seca, añade unas gotas de agua cada vez). Forma una bola con la masa.
2. Coloca la masa entre dos hojas de papel encerado y enróllala en un rulo de 25 cm. Mete el rulo de masa en un molde de unos 20 cm y presiona suavemente contra los lados del molde. Recorta el exceso de masa y dobla los bordes. La corteza ya está lista para ser rellenada.
3. Si quieres hornear previamente la masa para un relleno sin hornear, simplemente pincha la parte inferior de la masa con un tenedor (para evitar que suba) y hornea a 200 °C durante 10 minutos o hasta que esté dorado. Deja enfriar antes de añadir tu relleno favorito sin hornear.

# Conclusión

Todos tenemos antojos y adicciones. Hay situaciones de la vida que nos perturban. Sin embargo, somos responsables de lo que entra en nuestra boca y de lo que sale de nuestra boca, de lo que sentimos y de lo que pensamos. Todo es importante para una química corporal equilibrada: un cuerpo en homeostasis. Recuerda que si te sientas a comer mientras estás angustiado, enfadado o deprimido, es como si te comieras otro tipo de pastel de chocolate que no está tan bueno. Cuando alteras la química de tu cuerpo (ya sea por emociones negativas o alimentos nocivos), no conseguirás el valor total de los nutrientes de los alimentos que consumes, incluso si son alimentos sanos.

# CONCLUSIÓN

. . . . . . . . . . . . . . . . . . . . . . . . . . . . . . . . . . . . . . . . . . . . . . . . .

## UN DULCE FINAL SIN AZÚCAR

L a gente muere de hambre por falta de conocimiento. En realidad, la gente no se muere de hambre, se enferma y se engorda por falta de conocimiento. Es de esperar que ése no sea tu caso con el azúcar ahora que has terminado este libro. Estoy segura de que muchos de los lectores se han identificado con mi historia de adicción al azúcar, y espero que se den cuenta de que si yo pude romper ese patrón, ellos también pueden hacerlo.

En este punto del libro, me has leído criticar al azúcar y la fructosa. Me has leído hablar sobre las relaciones minerales, especialmente la relación calcio-fósforo, que se ven afectadas por el azúcar, los alimentos fritos, el estrés y los alérgenos. Has leído mi capítulo sobre el hecho de que la fructosa es, en algunos aspectos, peor que el azúcar blanco, especialmente porque la fructosa aumenta los triglicéridos, que se han relacionado con la diabetes, las enfermedades cardíacas y el cáncer.

Algunos de vosotros probablemente no estabais al tanto de la increíble cantidad de azúcar que la gente come en multitud de formas, tanto a escondida como a la vista. Este libro debería haber llamado tu atención y darte cuenta de la cantidad de azúcar que consumes.

Los que todavía no estaban convencidos han leído sobre las alteraciones de la química corporal, esto es, las enfermedades que causa el azúcar. Al mostrarles las consecuencias del consumo excesivo de azúcar, espero que todos se hayan convencido.

Todas las herramientas para eliminar el hábito del azúcar están ahí para que las leas. He aportado muchas ideas sobre refrigerios, hábitos alimenticios saludables, planes de alimentación y recetas. Sólo espero que aproveches este nuevo conocimiento y lo utilices sabiamente.

Ahora sabes que lo que no hay que llevarse a la boca es tan importante, o más, que lo que te metes en ella. Puedes preparar una comida perfecta del Plan de Alimentos III y luego arruinarla con un trozo de pastel de chocolate que anulará la bondad de todos los nutrientes presentes en la comida. El azúcar y el chocolate desequilibran la química corporal, haciendo que los nutrientes sean menos útiles.

El azúcar es el primer elemento de nuestras vida que saca a nuestro cuerpo de la homeostasis. Está siempre disponible y está aceptado por la sociedad, es delicioso y tremendamente adictivo. He presentado lo que el azúcar le hace al organismo, así como las muchas formas de eliminar el azúcar de la dieta. Tienes toda la información que necesitas y ahora te toca a ti.

Todos tenemos antojos, adicciones y momentos de enfado. Sin embargo, tú eres responsable de lo que te metes en la boca. Las palabras de enfado pueden alterar la química corporal. Equilibra la química de tu organismo y mantenlo en ese estado.

Puedes conseguir más información sobre el azúcar en mi sitio web, www.nancyappleton.com. También se me puede contactar a través de mi sitio web. Ingresa al sitio, haz clic en «Teoría básica» y luego en «Contacto».

Salud o enfermedad ¡tú eliges!

# Glosario

**Acetato.** Sal derivada de la unión de ácido acético y una base o radical.

**Ácido láctico.** Compuesto químico subproducto de la glucosa. El ácido láctico se acumula en los músculos tras un ejercicio fuerte que impide una ingesta adecuada de oxígeno. El ácido láctico hace que los músculos duelan y causa fatiga.

**Ácido úrico.** Producto de las purinas, que se encuentran en muchos alimentos. El ácido úrico es el producto final de oxidación (degradación) del metabolismo de las purinas y se excreta en la orina.

**Adhesividad plaquetaria.** Término que se utiliza para describir la situación en la que las plaquetas se adhieren a algo distinto.

**AGES.** Azúcar y proteína que se unen de forma no enzimática al cuerpo, produciendo proteína glicada o productos finales de glicación avanzada (AGE). También se llaman glicotoxinas.

**Albúmina.** Proteínas solubles en agua que pueden coagularse por calor y se encuentran en la clara de huevo, suero sanguíneo, leche y muchos otros tejidos animales y vegetales.

**Alcoholes de azúcar.** Carbohidratos fabricados principalmente a partir de azúcares y almidones.

**Alérgeno.** Sustancia antigénica capaz de producir una hipersensibilidad de tipo inmediata o una reacción retardada (alergia).

**Alergia.** Las alergias son reacciones inapropiadas o exageradas del sistema inmunológico a sustancias que, en la mayoría de las personas, no provocan síntomas. Los síntomas de las enfermedades alérgicas pueden ser causados por alimentos, productos químicos, polvo, polen u otras sustancias.

**Alzheimer, Enfermedad de.** Un trastorno cerebral que afecta gravemente a la memoria.

181

**Aminoácidos.** Producto final del metabolismo de las proteínas.

**Anandamida.** Compuesto químico, natural en el cerebro, que se libera en respuesta al dolor. También ayuda a regular el estado de ánimo, la memoria y el apetito.

**Anemia.** Deficiencia cualitativa o cuantitativa de hemoglobina, una molécula que se encuentra dentro de los glóbulos rojos.

**Antioxidante.** Enzima o sustancia orgánica capaz de contrarrestar los efectos dañinos de la oxidación.

**Arritmia cardíaca.** Problema de ritmo cardíaco. Las arritmias cardíacas son comunes y generalmente inofensivas, pero algunas pueden provocar afecciones potencialmente mortales.

**Artritis reumatoide.** Una forma inflamatoria de artritis que causa dolor y molestias en las articulaciones.

**Cálculo biliar.** Material sólido formado en la vesícula biliar o el conducto biliar. Un cálculo biliar generalmente se compone de colesterol, sales de calcio y pigmentos biliares. Hay muchas opciones de tratamiento diferentes para los cálculos biliares, que incluyen cirugía, medicamentos o un «lavado de la vesícula biliar» autoadministrado.

**Cambios patológicos.** Cambios que causan enfermedades.

**Cáncer.** Enfermedad en la que las células de una parte del cuerpo empiezan a crecer de forma descontrolada. Normalmente, las células crecen, se dividen y mueren de forma ordenada. Las células cancerosas se desarrollan debido a daños en el ADN. La mayoría de las veces, cuando el ADN se daña, la célula puede repararse a sí misma o morir. En las células cancerosas, no hay reparación, lo que hace que el ciclo normal de crecer, dividirse y morir se vuelva anormal.

**Cáncer de laringe.** Es una enfermedad por la que se forman células malignas (cancerosas) en los tejidos de la laringe.

**Cáncer gástrico.** Cáncer de estómago o relacionado con él.

**Cancerígeno.** Que produce un crecimiento maligno (canceroso).

**Carcinoma.** Forma de cáncer que invade los tejidos y órganos circundantes y puede extenderse a otras partes del cuerpo.

**Cardiopatía.** Condiciones que afectan al corazón, como enfermedad coronaria, ataque cardíaco e insuficiencia cardíaca. Es la principal causa de muerte de hombres y mujeres en Occidente.

**Carga glicémica.** Método para evaluar el impacto que tendrá el consumo de carbohidratos en la glucosa de la sangre. La carga glucémica, a diferencia del índice glucémico, tiene en cuenta el tamaño de la porción al determinar el efecto de un alimento sobre la glucosa en sangre.

**Colágeno.** Tipo de proteínas de la piel, los huesos, los cartílagos, los tendones y los dientes que actúa como tejido conectivo entre las células.

**Colitis ulcerosa.** Enfermedad que causa inflamación y llagas, llamadas úlceras, en el revestimiento del recto y el colon.

**Composición de electrolitos urinarios.** Una prueba de orina que mide las sustancias químicas (electrolitos) en la orina. Por lo general, mide los niveles de calcio, cloruro, potasio o sodio.

**Defectos del tubo neural.** Defecto congénito importante causado por el desarrollo anormal del tubo neural, que es la estructura de un embrión a partir de la cual se forman el cerebro y la médula espinal.

**Degeneración macular.** Pérdida de la visión en el centro del ojo que puede provocar ceguera.

**Demencia.** Disminución a corto y largo plazo de cualquier función mental, incluida la memoria, la lógica, el lenguaje y la personalidad.

**Diabetes.** Niveles altos de azúcar en sangre que resultan de defectos en la secreción de la insulina, en su acción o en ambos.

**Dieta cetogénica.** Una dieta principalmente de grasas y proteínas con algunas verduras. No se permite absolutamente nada de azúcar para las personas que siguen esta dieta.

**Dispepsia.** Trastorno de la función digestiva que se caracteriza por malestar, ardor de estómago o náuseas.

**Dopamina.** Un neurotransmisor (mensajero) que se encuentra en el cerebro y que es esencial para el funcionamiento normal del sistema nervioso central.

**Duración de la gestación.** La duración del embarazo.

**Eczema.** Enfermedad inflamatoria de la piel caracterizada por pequeñas ampollas, enrojecimiento, protuberancias, formación de costras en la piel y engrosamiento y descamación de la piel que causan picazón.

**Elasticidad del tejido.** La tensión (presión) necesaria para producir elongación (estiramiento).

**Endometrio.** Capa de tejido que recubre el útero.

**Enfermedad funcional del intestino.** Trastorno gastrointestinal específico del tracto gastrointestinal medio o inferior.

**Enfermedad periodontal.** Enfermedad de los tejidos que rodean los dientes.

**Enfermedades degenerativas.** Enfermedades marcadas por el deterioro de un tejido, órgano o función corporal.

**Enfermedades infecciosas.** Enfermedades causadas por la invasión de bacterias, virus u otros agentes.

**Enfisema.** Pérdida de la elasticidad normal del pulmón que ayuda a mantener abiertas las vías respiratorias. Esta enfermedad se caracteriza por una disminución de la capacidad de exhalar.

**Envejecimiento prematuro.** El envejecimiento prematuro del cerebro, el sistema circulatorio, el corazón, las articulaciones, el tracto digestivo y el sistema inmunológico puede comenzar en cualquier momento de la vida. Varios factores hacen que el cuerpo se deteriore, incluidas las lesiones que no se curan por completo, las alergias, los productos químicos tóxicos, la mala nutrición, la radiación solar excesiva, el estrés excesivo y la inactividad.

**Enzima.** Proteína que actúa como catalizador para acelerar reacciones químicas específicas, pero que no sufre ningún cambio durante la reacción. Las enzimas digestivas descomponen los carbohidratos complejos en azúcares simples, las grasas o lípidos en ácidos grasos y las proteínas en aminoácidos.

**Enzimas proteolíticas.** Enzimas del páncreas que ayudan en la digestión de proteínas en aminoácidos.

**Esclerosis múltiple (EM).** Enfermedad que ataca al sistema nervioso central, que puede tener síntomas menores, como entumecimiento de las extremidades, o síntomas graves, como parálisis o pérdida de la visión. El progreso, la gravedad y los síntomas específicos de la enfermedad son impredecibles.

**Esquizofrenia.** Trastorno cerebral crónico y severo. Los afectados en ocasiones escuchan voces que no existen, tienen alucinaciones, creen que le pueden leer los pensamientos o se convencen de que la gente quiere dañarlos o sabotearlos. Esto puede hacer que los pacientes se retraigan o sientan miedo. Los síntomas pueden incluir alucinaciones, delirios y aislamiento social.

**Estradiol.** Una de las formas de estrógeno natural que produce el organismo.

**Estrés oxidativo.** Ocurre cuando el suministro disponible de antioxidantes del organismo es insuficiente para manejar y neutralizar los radicales libres de diferentes tipos. El resultado es un daño celular masivo que puede resultar en mutaciones celulares, degradación de tejidos y compromiso inmunológico.

**Estrés postoperatorio.** Malestar y/o dolor durante el período de recuperación después de una operación.

**Etiología.** El estudio de la causalidad.

**Feniletilamina.** Sustancia química que aumenta la presión arterial y los niveles de glucosa en sangre. Se la conoce como la «droga del amor» porque imita la química cerebral de una persona enamorada.

**Fermentación.** La conversión de azúcar en dióxido de carbono o alcohol por levadura.

**Firmicutes.** Una clase de bacteria que los estudios han asociado con la obesidad, ya que estas bacterias generalmente tienen una mayor presencia en las personas obesas.

**Flavanoles.** Antioxidante que se encuentra en las semillas de cacao que puede aumentar el flujo sanguíneo al cerebro.

**Fosfatasa.** Cualquiera de las diversas enzimas que se encuentran en los tejidos y fluidos corporales que hidrolizan los ésteres de ácido fosfórico de compuestos orgánicos, liberando iones fosfato.

**Fructosa.** Forma de azúcar que se encuentra en muchos alimentos. También proviene de la digestión de azúcar de mesa granulada (sacarosa) y edulcorante de maíz, que se compone de glucosa y fructosa.

**Glicación.** Afección en la que el azúcar y las proteínas se unen de forma no enzimática al organismo. Esto puede alterar la química corporal.

**Glicoproteína.** Cualquier parte de un grupo de proteínas complejas que contienen un carbohidrato combinado con una proteína.

**Glucosa.** Un azúcar simple (monosacárido), también llamado dextrosa o azúcar de uva, que se encuentra en frutas, verduras, savia de árbol, sacarosa, miel, sirope de maíz y melaza. La glucosa proporciona la mayor parte de la energía a las células del organismo.

**Gota.** Enfermedad que involucra inflamación de las articulaciones, especialmente en las manos y los pies. La gota también se asocia con un exceso de ácido úrico en la sangre.

**Grelina.** Hormona producida en el estómago y el páncreas que estimula el apetito.

**HDL (lipoproteínas de alta densidad).** Proteína del plasma sanguíneo que transporta el colesterol y otras grasas de la sangre a los tejidos.

**Hemorroides.** Vena agrandada (generalmente debido a un aumento de la presión venosa) que ocurre dentro del esfínter anal (hemorroide interna) o fuera del esfínter anal (hemorroide externa).

**Hiperglucemia.** Nivel alto de azúcar en sangre.

**Hipertensión.** Presión arterial alta.

**Hipoglucemia.** Bajo nivel de azúcar en sangre.

**Hipotensión.** Presión arterial baja.

**Hojaldre de zanahoria**, *véase también* Recetas.

**Homeostasis.** Equilibrio de todas las funciones y sistemas corporales. Cuando se deteriora la homeostasis, el escenario está preparado para la enfermedad.

**Homocisteína.** Aminoácido natural que se encuentra en el plasma sanguíneo. Se cree que los niveles altos de homocisteína en sangre aumentan la posibilidad de enfermedad cardíaca, accidente cerebrovascular, enfermedad de Alzheimer y osteoporosis.

**Hormona.** Sustancia química liberada por una célula que afecta a la función de órganos o tejidos del cuerpo.

**Incautación.** Un ataque, convulsión o espasmo repentino como se ve en personas que sufren de epilepsia.

**Inflamación.** Enrojecimiento, hinchazón, dolor y función alterada en un área del cuerpo.

**Insulina.** Hormona producida por el páncreas que controla el nivel de azúcar (glucosa) en la sangre. La insulina permite que las células utilicen la glucosa para obtener energía. Las células no pueden utilizar la glucosa sin insulina.

**Lactosa.** Azúcar que se encuentra en la leche. El cuerpo usa la enzima lactasa para descomponer la lactosa en galactosa y glucosa.

**Laringe.** Órgano involucrado en la protección de la tráquea y la producción de sonido.

**LDL (lipoproteínas de baja densidad).** Parte de la sangre que contiene grandes cantidades de colesterol y triglicéridos. Las LDL elevadas están implicadas en enfermedades cardíacas.

**Leptina.** Hormona que juega un papel clave en la ingesta y el gasto energético.

**Lípido.** Sustancia orgánica grasa.

**Lipoproteína.** Estructura bioquímica compuesta por un lípido y una proteína. Las lipoproteínas transportan los lípidos por todo el cuerpo.

**Maltodextrina.** Un carbohidrato dulce de fácil digestión, a menudo elaborado con almidón de maíz, que se digiere y se absorbe rápidamente y, por lo tanto, tiene un índice glucémico alto. Se utiliza como aditivo alimentario.

**Metabolismo.** Procesos químicos que ocurren dentro de un organismo vivo o una célula que son necesarios para mantener la vida.

**Minerales.** Elementos extraídos de los alimentos que son cruciales para el funcionamiento del cuerpo humano.

**Miopía.** Defecto ocular en el que las personas pueden ver bien objetos cercanos, pero los objetos distantes aparecen borrosos.

**Neurona.** Un nervio que abarca la célula y la fibra larga que se origina en la célula.

**Neurotransmisor.** Mensajero químico que actúa en todo el organismo.

**Nivel de glucosa.** Sistema numérico que mide la rapidez con la que un alimento provoca un aumento de la glucosa en sangre.

**Norepinefrina.** Tanto una hormona como un neurotransmisor. Como hormona, es secretada por la glándula suprarrenal y actúa junto con la epinefrina y la adrenalina para dar energía al cuerpo en momentos de estrés. Esto se conoce como la respuesta de «ataque o huida». Como neurotransmisor, transmite los impulsos nerviosos de una neurona a la siguiente.

**Nutrición parenteral total.** Alimentación intravenosa que proporciona al paciente todos los líquidos y nutrientes esenciales que necesita cuando no puede alimentarse por sí mismo por la boca.

**Osteoporosis.** La pérdida de tejido óseo o esquelético que produce fragilidad o suavidad del hueso.

**pH.** Escala que indica la acidez o alcalinidad de una solución.

**Pilocarpina.** Medicamento que imita los efectos de una sustancia química que actúa como mensajero entre las células nerviosas y los órganos que controlan.

**Plasma.** Parte de la sangre clara, amarillenta y líquida.

**Polio.** Enfermedad viral que conlleva la inflamación de las células nerviosas del cerebro y la médula espinal.

**Polipéptidos.** Estado intermedio de degradación proteica. Los polipéptidos pueden causar daño si ingresan al torrente sanguíneo antes de que se descompongan en aminoácidos.

**Prediabetes.** Afección en la que la glucosa en sangre es más alta de lo normal, pero no lo suficientemente alta como para ser clasificada como diabetes tipo 2.

**Psoriasis.** Afección de la piel que consiste en parches escamosos grises o plateados en la piel, que está roja e inflamada.

**Purina.** Compuesto cristalino blanco, del cual se derivan varios compuestos, incluidos el ácido úrico y la cafeína.

**Radicales libres.** Átomo o grupo de átomos que tiene al menos un electrón desapareado y, por lo tanto, es inestable y altamente reactivo. En los tejidos animales, los radicales libres pueden dañar las células y se cree que aceleran la progresión del cáncer, las enfermedades cardiovasculares y las enfermedades relacionadas con la edad.

**Reacción de Maillard.** Reacción que tiene lugar entre un aminoácido y un azúcar, y que generalmente requiere calor. La reacción de Maillard es una forma de digestión de alimentos no enzimático.

**Resistencia a la insulina.** Afección en la que las cantidades normales de insulina no son adecuadas para producir una respuesta normal de la insulina.

**Sacarosa.** Azúcar derivado de la caña de azúcar o la remolacha; también conocida como azúcar blanca.

**Serotonina.** Neurotransmisor que influye en el sueño, la depresión y la memoria.

**Síndrome del intestino irritable (SII).** Trastorno funcional del intestino caracterizado por dolor abdominal de leve a intenso, distensión abdominal, malestar y deposiciones anormales. Algunos casos involucran diarrea, mientras que otros involucran estreñimiento o una combinación de ambas. A veces, los síntomas pueden aliviarse con las deposiciones.

**Síndrome metabólico.** Enfermedad clasificada en el grupo de factores de riesgo metabólico, que incluyen obesidad, hipertensión arterial, resistencia a la insulina y otros.

**Sirope de maíz alto en fructuosa.** Edulcorante compuesto por cualquier grupo de siropes de maíz que haya sido procesado para aumentar su contenido de fructosa. Este edulcorante se utiliza en casi todos los alimentos y bebidas procesados, incluidos los refrescos, la salsa de tomate, el yogur, las galletas y los aderezos para ensaladas.

**Sistema de recompensas.** Una recompensa psicológica es un proceso que refuerza la conducta, algo que, cuando se ofrece, hace que la conducta aumente en intensidad.

**Sistema endocrino.** Red de glándulas sin conductos que secretan hormonas al torrente sanguíneo.

**Sistema inmunitario.** Conjunto de células y proteínas que protege al organismo de microorganismos infecciosos potencialmente dañinos (formas de vida microscópicas), como bacterias, virus y hongos. El sistema inmunológico juega un papel preponderante en el control del cáncer y otras enfermedades, pero también es el culpable de los fenómenos de alergias, hipersensibilidad y rechazo de órganos, tejidos e implantes médicos.

**Suero.** Sustancia transparente y amarillenta que se obtiene al separar la parte líquida de la sangre de la parte sólida de la sangre cuando ésta se coagula.

**Tomografía por emisión de positrones (PET).** Tipo de imagen que permite a los médicos ver cómo funcionan realmente los órganos y tejidos del interior del cuerpo.

**Toxemia.** Una condición médica grave que suele afectar a las mujeres que la contraen después de las veinte semanas de embarazo. También conocida como preeclampsia o hipertensión inducida por el embarazo, la toxemia se caracteriza por una presión arterial elevada repentina y la presencia de un exceso de proteínas en la orina.

**Triglicéridos.** Esta clase de grasas constituye la mayoría de las grasas animales y vegetales y aparece en la sangre unida a una proteína, formando lipoproteínas de alta y baja densidad.

**Úlcera duodenal.** Un orificio en el revestimiento del duodeno (la primera porción del intestino delgado) donde se conecta con el estómago.

**Úlceras gástricas.** También se llaman úlceras de estómago. Una úlcera gástrica es un área erosionada en el revestimiento del estómago.

**Úlceras digestivas.** Llagas en el revestimiento del tracto digestivo.

**Uremia.** Acumulación de productos de desecho en la sangre debido a la incapacidad del riñón para excretarlos.

**Urticaria.** Granos rojos que pican, generalmente causados por una reacción alérgica.

**Venas varicosas.** Venas nudosas y agrandadas.

**VLDL** (lipoproteínas de muy baja densidad). El colesterol VLDL es uno de los tres tipos principales de lipoproteínas. Los otros dos son el colesterol de lipoproteínas de alta densidad (HDL) y el colesterol de lipoproteínas de baja densidad (LDL). Cada tipo contiene una mezcla de colesterol, proteínas y triglicéridos, pero en cantidades variables.

# Fuentes

## Asociaciones y Organizaciones

### American Academy of Pediatrics

141 Northwest Point Boulevard Elk Grove Village, IL 60007 Teléfono: (847) 434-4000

Sitio web: (www.aap.org/)

La American Academy of Pediatrics (AAP) está comprometida con el logro de la salud y el bienestar físico, mental y social óptimos para todos los bebés, niños, adolescentes y adultos jóvenes.

### American Diabetes Association (ATTN)

Centro nacional de llamadas 1701 North Beauregard Street Alexandria, VA 22311

Teléfono: 1-800-DIABETES (342-2383)

Sitio web: (www.diabetes.org/home.jsp)

La American Diabetes Association lidera la lucha contra las consecuencias mortales de la diabetes y lucha por los afectados por la diabetes. La asociación financia la investigación para prevenir, curar y controlar la diabetes; brinda servicios a cientos de comunidades; proporciona información objetiva y creíble; y da voz a quienes se les niegan sus derechos debido a la diabetes.

Sociedad Americana de Nutrición
*Revista Americana de Nutrición Clínica*
9650 Rockville Pike
Bethesda, MD 20814
Teléfono: (301) 634-7050
Sitio web: (www.nutrition.org/)
Sitio web de la *Revista Americana de Nutrición Clínica*: (www.ajcn.org/)

La *Revista Americana de Nutrición Clínica* (ASN) es una organización sin fines de lucro dedicada a reunir a los mejores investigadores, nutricionistas clínicos y a la industria del mundo para avanzar nuestro conocimiento y aplicación de la nutrición por el bien de los seres humanos y los animales. Su enfoque va desde los detalles más críticos de investigación y aplicación hasta las aplicaciones más amplias en la sociedad, en los Estados Unidos y en todo el mundo.

Hayuco
Teléfono: 1-800-BEECH-NUT (233-2468)
Sitio web: (www.beechnut.comindex.asp)

Beech-Nut lleva más de setenta y cinco años elaborando alimentos para bebés naturales y de excelente sabor. Tienen su propia cocina de pruebas donde testan los alimentos que producen para asegurarse de que sean saludables y deliciosos. Utilizan ingredientes totalmente naturales de alta calidad, además de vitaminas y minerales para preparar su comida, de modo que sepas que cuando eliges Beech-Nut, estás tomando la mejor decisión.

Centro de Ciencias de Interés Público
1875 Connecticut Avenue, NW, Suite 300
Washington, DC 20009
Teléfono: (202) 332-9110
Sitio web: (www.cspinet.org/index.html)

Desde 1971, el Centro de Ciencias de Interés Público (CSPI) ha sido un firme defensor de la nutrición y la salud, la seguridad alimentaria, la política sobre el alcohol y la ciencia sólida. CSPI se hizo un hueco como la voz organizada del público estadounidense sobre nutrición, seguridad alimentaria, salud y otros temas durante el auge de la conciencia de los consumidores y la protección ambiental a principios de la década de 1970. CSPI ha buscado durante mucho tiempo educar al público, defender políticas gubernamentales que sean consistentes con la evidencia científica sobre temas ambientales y de salud, y contrarrestar la poderosa influencia de la industria en la opinión pública y las políticas públicas.

## Fundación de la Epilepsia

8301 Lugar de trabajo
Landover, MD 20785
Teléfono: (800) 332-1000
Sitio web: (www.epilepsyfoundation.org/)

La Fundación de la Epilepsia de América es la agencia nacional de voluntariado dedicada exclusivamente al bienestar de más de tres millones de personas con epilepsia en los Estados Unidos y de sus familias. La organización trabaja para garantizar que las personas con convulsiones puedan participar en todas las experiencias de la vida; mejorar la percepción, aceptación y valoración de las personas con epilepsia en la sociedad y promover la investigación para curarla.

## Food Addicts Anonymous

4623 Forest Hill Boulevard, Suite 109-4
West Palm Beach, FL 33415
Teléfono: (561) 967-3871
Sitio web: (www.foodaddictsanonymous.org/)

Food Addicts Anonymous (FAA) es una fraternidad de hombres y mujeres que están dispuestos a recuperarse de la enfermedad de la adicción a la comida. Compartir todos un día su experiencia, fortaleza y esperanza con los demás permite a los adictos recuperarse de esta enfermedad.

## Food Addicts in Recovery Anonymous
40 W. Cummings Park # 1700
Woburn, MA 01801
Teléfono: (781) 932-6300
Sitio web: (http://foodaddicts.org/index.html)

Food Addicts in Recovery Anonymous (FA) es una fraternidad internacional de hombres y mujeres que han experimentado dificultades en la
vida como resultado de la forma en que comen. Los miembros se unen a
FA ya sea porque no pueden controlar su alimentación o porque están
obsesionados con ella. El programa de recuperación de FA se basa en los
Doce pasos y las Doce tradiciones de Alcohólicos Anónimos. Hacen uso
de los principios de AA para liberarse de la alimentación adictiva. No hay
cuotas ni tarifas en las reuniones de la FA. La membresía está abierta
a cualquier persona que desee ayuda con la comida.

## Publicaciones de Salud de Harvard
Teléfono: (877) 649-9457
Sitio web: (https://www.health.harvard.edu/)
Sitio web para obtener información sobre el índice glucémico: (https: //
www.health.harvard.edu/newsweek/Glycemic_index_and_glycemic_
load_for_1 00_foods.htm)

Publicaciones de Salud de Harvard es una división de la Facultad de Medicina de Harvard. El objetivo de las publicaciones es llevar al público de
todo el mundo la información sanitaria más actualizada, práctica y auto-
rizada, aprovechando la experiencia de los 8000 médicos de la facultad de
Medicina de Harvard y sus hospitales afiliados de fama mundial.

## Niños Sanos, Niños Inteligentes
Teléfono: (770) 617-6587
Sitio web: (www.healthykidssmartkids.comindex.htm)

Niños Sanos, Niños Inteligentes es un plan de estilo de vida saludable para la escuela y la familia que está marcando una diferencia real. Más de nueve millones de niños estadounidenses tienen sobrepeso o son obesos. Los estudios demuestran que la nutrición y el ejercicio pueden ayudar a mejorar la salud y las calificaciones. Su objetivo es construir un programa de bienestar sostenible y mensurable para las escuelas y las familias.

## La Fundación de Apoyo a la Hipoglucemia, Inc.

Correo: 451778 Sunrise, FL 33345
Sitio web: (www.hypoglycemia.org/default.asp)

La Fundación de Apoyo a la Hipoglucemia, Inc. trabaja para informar, apoyar y alentar a los hipoglucémicos y al público sobre esta enfermedad mal entendida y mal diagnosticada. La organización muestra cómo los malos hábitos nutricionales y las deficiencias nutricionales graves afectan a la salud física y emocional.

## Johns Hopkins Bloomberg School of Public Health del Center for Human Nutrition

615 N. Wolfe Street Baltimore, MD 21205
Teléfono: (410) 955-3847
Sitio web: (www.jhsph.edu/)
Sitio web para información sobre obesidad: (www.jhsph.edu/publichealth-news/press_releases/2007/wang_adult_obesity.html)

La Johns Hopkins Bloomberg School of Public Health del Center for Human Nutrition se dedica a la educación de un grupo diverso de científicos investigadores y profesionales de la salud pública, un proceso indisolublemente vinculado al descubrimiento y aplicación de nuevos conocimientos y, a través de estas actividades, a la mejora de la salud y la prevención de enfermedades y discapacidades en todo el mundo.

## Instituto Nacional del Corazón, los Pulmones y la Sangre

Edificio 31, Sala 5A52 31 Center Drive MSC 2486
Bethesda, MD 20892
Teléfono: (301) 592-8573
Sitio web: (www.nhlbi.nih.gov/index.htm)
Sitio web para obtener información sobre el cálculo del IMC: (www.nhl-
bisupport.combmi/)

El Instituto Nacional del Corazón, los Pulmones y la Sangre (NHLBI)
proporciona liderazgo para un programa nacional en enfermedades del
corazón, vasos sanguíneos, pulmones y sangre, recursos sanguíneos y trastornos del sueño. Desde octubre de 1997, el NHLBI también ha tenido la
responsabilidad administrativa de la Iniciativa de Salud de la Mujer
del NIH.

## Instituto Nacional de Salud Mental

Rama de Redacción, Prensa y Difusión de Ciencias
6001 Executive Boulevard, Sala 8184, MSC 9663
Bethesda, MD 20892
Teléfono: (866) 615-6464
Sitio web: (www.nimh.nih.gov/index.shtml)

El Instituto Nacional de Salud Mental (NIMH) proporciona un mundo
en el que se prevengan y se curen las enfermedades mentales. La misión
del NIMH es transformar la comprensión y el tratamiento de las enfermedades mentales a través de la investigación básica y clínica, allanando el
camino para la prevención, recuperación y cura.

## Fundación Robert Wood Johnson

CORREO 2316
Ruta 1 y College Road East Princeton, NJ 08543
Teléfono: (877) 843-RWJF (7953)
Sitio web: (http://www.rwjf.org)

La misión de la Fundación Robert Wood Johnson (RWJF) es mejorar la salud y el cuidado de la salud de todos los estadounidenses. Su objetivo es ayudar a los estadounidenses a llevar una vida más saludable y a obtener la atención que necesitan.

### Servicio de Investigación Agrícola del Departamento de Agricultura de EE.UU.

Edificio Jamie L. Whitten

1400 Independence Avenue, SW Washington, DC 20250

Teléfono: (301) 504-6078

Sitio web: (www.ars.usda.gov/main/main.htm)

Sitio web para obtener información relacionada con los azúcares añadidos: (www.ars.usda.gov/Services/docs.htm?docid=12107)

El Servicio de Investigación Agrícola (ARS) es la agencia principal de investigación científica del Departamento de Agricultura de EE.UU. Su trabajo es encontrar soluciones a los problemas agrícolas que afectan a los estadounidenses todos los días, desde el campo hasta la mesa.

## Sitios web

Los siguientes sitios web contienen información sobre el índice glucémico y la carga glucémica.

### Recuento de calorías (http://caloriecount.about.com)

Calorie Count fue creado para brindar toda la orientación y el apoyo que se necesita para un estilo de vida saludable y disfrutarlo cada día.

### El contador de calorías (www.thecaloriecounter.com)

El contador de calorías proporciona una forma de contar la ingesta calórica diaria con un contador de calorías fácil de usar. El recuento de calorías es una forma fácil de controlar el peso. Si tienes un requerimiento calórico diario que debas cumplir o necesitas monitorear tu ingesta calórica, esta técnica de recuento es ideal.

## Hogar del índice glucémico (www.glycemicindex.com)

El Hogar del Índice Glucémico Index es el sitio web oficial del índice glucémico y la base de datos internacional de IG que se basa en la Unidad de Nutrición Humana, Escuela de Biociencias Moleculares y Microbianas, Universidad de Sydney. El sitio web es actualizado y mantenido por el Grupo IG de la Universidad, que incluye científicos y dietistas que trabajan en el área del índice glucémico, la salud y la nutrición, incluida la investigación sobre la dieta y la pérdida de peso, la diabetes, las enfermedades cardiovasculares y el síndrome de ovario poliquístico.

## Datos nutricionales (www.nutritiondata.com)

Desde su lanzamiento en 2003, Nutrition Data se ha convertido en una de las fuentes de análisis nutricional más autorizadas y útiles de la Web. En julio de 2006, Nutrition Data fue adquirida por CondéNet, una editorial digital bajo el paraguas de Condé Nast Publications dedicada a la excelencia editorial. El objetivo continuo de Nutrition Data es proporcionar el análisis nutricional más preciso y completo disponible, y hacerlo accesible y comprensible para todos.

# Lecturas recomendadas

Estos libros están llenos de información importante. Se añaden a la información sobre el azúcar y serán útiles para las personas que necesitan más ayuda después de eliminar el azúcar de su dieta. Todos los libros están disponibles a través de Amazon, www.amazon.com

*Brain Allergies,* Dr. William Philpott.
*The Do's and Don'ts of Hypoglycemia: An Everyday Guide to Low Blood Sugar,* Roberta Ruggerio.
*The Wisdom of the Body,* Walter B. Cannon, MD, PhD.

# Acerca de los autores

**Nancy Appleton** se licenció en Nutrición Clínica en UCLA y se doctoró en Medicina en la Walden University. Se graduó con honores de la Universidad de Walden con su galardonada disertación «Una alternativa a la teoría de los gérmenes». Se ha retirado de la medicina privada y vive en San Diego, pero continúa investigando, dando conferencias y escribiendo sobre temas de nutrición y salud. Aparece regularmente en programas de radio, televisión e Internet. Además de *Suicidio con azúcar*, ha escrito varios libros sobre nutrición y salud: *Stop Inflammation, Healthy Bones, Lick the Sugar Habit, Lick the Sugar Habit Sugar Counter* y *Curse of Louis Pasteur*.

**N. Jacobs** (Greg para sus amigos) es reportero, novelista, ensayista y todo lo que tenga que ver con informar. Está orgulloso de su primera novela *Blood & Ink* y su posterior colección de cuentos, *The Beast that Almost Ate Los Angeles*. Su trabajo con la Dra. Appleton empezó como cliente y floreció a partir de ahí. También coescribió *Stopping Inflammation* con la Dra. Appleton. Vive en Los Ángeles, donde escribe varios blogs, incluido uno sobre Star Trek. Actualmente, está trabajando en varios libros nuevos.

# Índice analítico

fructosa y, 95
prueba para, 156
sistema endocrino y, 42
Hormonas relacionadas con la
obesidad, 107
Huevos rancheros, receta, 167.
*Véase también* Recetas.

**I**
Índice de masa corporal (IMC),
68-69, 106-107, 135, 140,
153, 196
kit de cálculo del, 69
Índice glucémico, 10, 51-53, 75,
140, 183, 187, 194, 197-198
Instituto Nacional de Salud
Mental (NIMH), 136, 196
Instituto Nacional del Corazón,
los Pulmones y la Sangre
(NHLBI), 106, 196
Insulina, 26, 29, 42-43, 62, 64,
75, 91, 95, 97, 101-102,
105, 107-108, 118, 121-122,
127, 128-129, 132, 135-136,
139, 149, 183, 186, 188
efectos de, 62, 101, 107-108,
122, 186
*Véase también* Hormonas
relacionadas con la obesidad.

**J**
Johns Hopkins Bloomberg School
of Public Health del Center for
Human Nutrition, 195
Johnson, Richard, 112

*Journal of the American Dietetic
Association*, 113

**K**
Kaiser Permanente, 135. *Véase
también* Demencia, estudios
sobre.

**L**
«La oración del gordo» (Buono),
114-115
*La Sabiduría del cuerpo* (Cannon),
41, 199
Laboratorios Abbott, 73, 76
Lenior, Magalie. *Véase* Adicción,
azúcar, estudios sobre, por
Magalie Lenoir.
Leptina. *Véase* Hormonas
relacionadas con la obesidad.
*Lo que se debe y no se debe hacer con
la hipoglucemia: una guía diaria
para los niveles bajos de azúcar
en la sangre* (Ruggario), 115

**M**
Maillard, Louis, 80. *Véase también*
Reacción de Maillard.
Maíz, modificado genéticamente
(GM), 96
Maltodextrina, 58, 73, 75-76, 78,
187. *Véase también* Ensure, los
cuatro ingredientes principales
en.
Manitol. *Véase* Alcoholes de
azúcar.

# Índice